RikuRyu!

りくりゅう!

三浦璃来&木原龍一
フォトブック

新書館

いつも応援ありがとうございます。
「オリンピック個人戦で金メダル」を目標に
龍一くんと頑張ります！

三浦璃来

いつも応援頂きありがとうございます。
「オリンピック個人戦で金メダル」を目標に
2人で走り続けます。

木原龍一

Ryuichi

2023年世界国別対抗戦

Contents

カバー、扉：©Shinji Masakawa
目次：2024年四大陸選手権 ©Manabu Takahashi

栄光の Moment

2023年世界選手権 ©Yoshiki Kogaito/Sports Nippon

CITIZEN

2023年世界選手権 ©Yoshiki Kogaito/Sports Nippon

2023年世界国別対抗戦 ©Yoshiki Kogaito/Sports Nippon

2023年世界選手権 ©Yoshiki Kogaito/Sports Nippon

2023年四大陸選手権 ©Danielle Earl

FOUR
CONTINENTS

2023年四大陸選手権 ©Danielle Earl

2022年グランプリファイナル ©Yutaka Nagakubo/Sports Nippon

2022年グランプリファイナル ©Yutaka Nagakubo/Sports Nippon

KOSE
信用金庫
ニチレイ
LOTTE
JSF

 2023年世界選手権 ©Yazuka Wada

2022年グランプリファイナル ©Kiyoshi Sakamoto

PLACE
SENIOR
PAIRS

 2022年北京オリンピック 団体戦 ©Yoshiki Kogaito/Sports Nippon

2022年北京オリンピック 団体戦 ©Yoshiki Kogaito/Sports Nippon

BEIJING 2022
BEIJING 2022
JAPAN

2022年北京オリンピック ©Yoshiki Kogaito/Sports Nippon

2022年北京オリンピック 個人戦 ©Yohei Osada/AFLO SPORT

2022年北京オリンピック 団体戦 ©Yoshiki Kogaito/Sports Nippon

撮り下ろし

2人のChemistry

世界選手権、四大陸選手権、グランプリファイナルで金メダルを獲得し
年間グランドスラムを達成する偉業を成し遂げた三浦璃来＆木原龍一ペア
日本フィギュアスケートにおいて新しい1章を開いた2人は
進化を止めることなく、次の目標に向かってあゆみ続けています
そんなりくりゅうを、撮り下ろしフォトシュートで捉えました

写真　政川慎治
スタイリスト　中原正登、真野菖(FOURTEEN)
衣装協力　Gap（P47サテンモックネックシャツ)

男性は
尻に敷かれましょう
by 龍一

結成して間もなく
すでに上下関係ができていた

龍一の作り笑い
2019年　全日本

はじまり
2019年　NHK杯

りくのフラワーパンチ！
2019年　全日本表彰式後

RIKU&RYU ハッピーDAYS

りくりゅうがスマホで撮影したたくさんのハッピーな日常
謎に包まれた（?）オークヴィルでの毎日から
愛するわんにゃんまで、たっぷりご覧あれ！

りくりゅうの
どこでもリフト

2020年 バーリントン
＃ハイキング　＃空が綺麗でリフトした

2020年 バーリントン
＃森が綺麗でリフトした

2019年 トロントの遊園地
＃来たばっかりの頃　＃花が綺麗でリフトした

迷路に挑戦！
＃コロナ禍　＃ひまわり畑の迷路

リンクが恋し――!!
＃コロナ禍　＃リンク閉鎖の時期

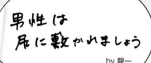

2021年、ボストン合宿中のOFF
NY観光にレッツゴー

自由の女神とパシャリ！

2021年 ブロードウェイ
街が綺麗でリフトした

先生には内緒だよ

僕のアイス…

さらば
たい焼きアイス

NYセントラルパーク

はい、休憩！
2020年　バーリントン

「あぶないよ、りくちゃん!!」
2020年　バーリントン

山登り飽きた。

山登り中のりく

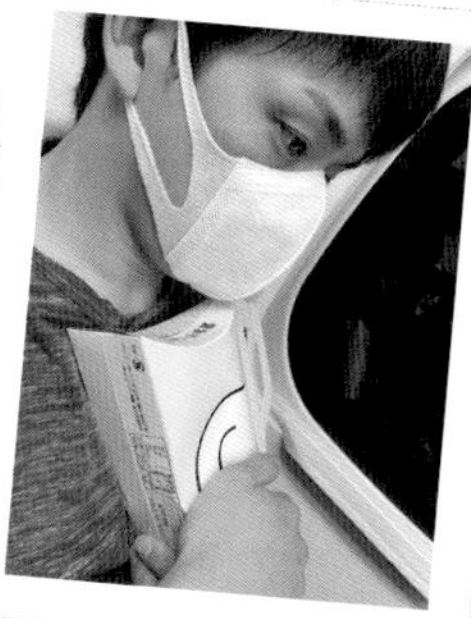

自分で買った鳩サブレ
ぎゅ～♡♡

2021年、愛知の鳳来寺山で
ハイキング ≡3

焼けるまで待てません

LOVE 牛タン♡

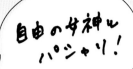

眉毛太っ
by 龍一

Wasaga Beachにて
まだ眉毛が太いりく

SOLD! 私たちが買いました
2021年　車の買い替え

無賃労働
by 龍一

りくの引っ越しを手伝うりゅう

Thank you
for my birthday!!
2021年　ボストン合宿で
誕生日のお祝い。
プレゼントありがとう！

ロブスターだぞー

ピザだぞー
ボストン合宿

お土産
自分で買って
自慢！

ボストンで買った
ロブスターのマグカップ

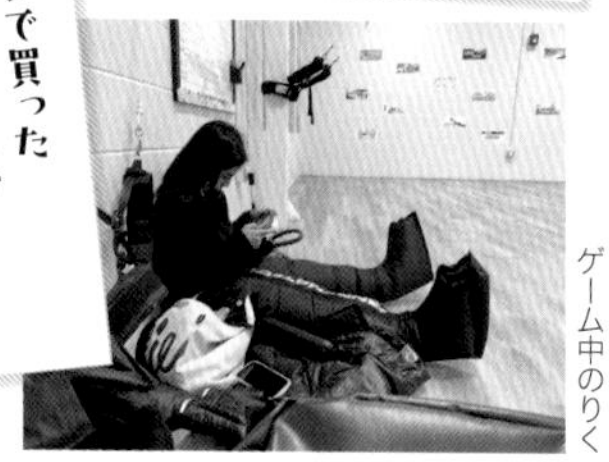

2021年　ボストン合宿で
ゲーム中のりく

フロントガラスをおそうじ。
#モントリオール　#ロングドライブ中　#ガラスに虫

なるべく自炊。
どんぶりでポトフ！

りく、20歳の誕生日
#準備 by 龍一

ブルーノもジャパンジャージ

寒かったー

自分の水は自分で運ぶよ
りく、えらいでしょ

BEIJING OLYMPICS 2022

お互いに撮ったよ

ピザは
BBQ派です

やっと解禁！
ブルーノとピザパーティ♬

北京五輪閉会式の待機エリアにて。
りくの２倍の高さのカナダ選手と。

振袖、似合う～??

成人式　後撮り

ピチューだぞー

#ナガシマスパーランド
#最後のチャレンジで獲得
#龍一の財布から3000円飛びました
#りくちゃんのために

りくの羽織ものを着たりゅう。
トレーニング中

#ジムがクローズ　#寒かった

三浦家の猫たち

木原家のゼロくん。
ゼロ loves りく♡

＼もも／

＼ひじき／

＼ミー／

見つめ合うりくとミー

りくちゃんの膝枕♡

THE ICE中　ゼロくんがホテルに遊びに来てくれたよー!

トロントアイランドからの眺め。トロントの街、めっちゃキレイ！

羽田空港から出発！

二人乗り自転車を盛りこぎしたよ

in トロントアイランド

ランチボックス。自宅から持ってきたものを食べるよ！
龍一くんのものは私のもの

うわー！一日中気づかなかった！

氷を張り替えるときに出る粉
このまま一日気づかずに練習をしていたりく

モントリオールの振り付け道中
必ず寄る休憩場所

龍一くんが私のお財布を
無くしたの

車を洗うのを手伝うりく。
低いところ担当。

リンゴ、とったどー！

リンクの前がたんぽぽ畑なの✿

レポーターに挑戦中

龍一の夢が叶った日

2023.5.10　中日ドラゴンズ始球式

りくちゃんの分も同時飲み

「あたしの飲まないで!」

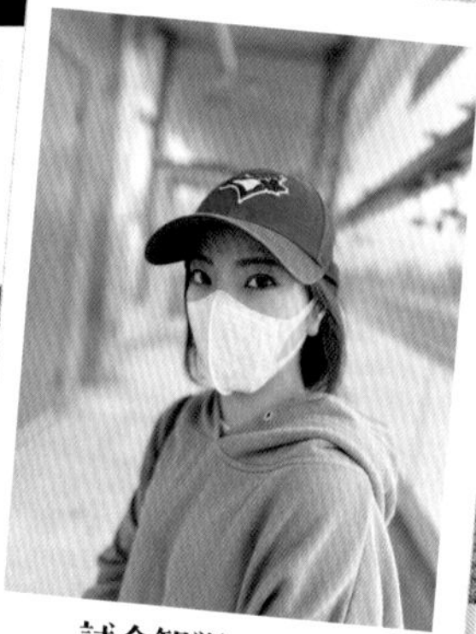

試合観戦に行くよ

観戦のお供、準備OK!

笑顔のりくと涙目の龍一

BASEBALL!!

モンペリエ世界選手権　ホテル内の公園にて

スターズオンアイスのラウンジは楽しい。
この日はクレープ屋さんが来た!

#スターズオンアイス　#ラウンジ

ブランコ大好き少年(中年)

わーい! ブランコだー!!

モンペリエ世界選手権

最高の
スマホ置き…w

これから病院にいくよ。

#肩の病院に行く前　#ホテル

いざ!!　びょういん!!

りくちゃん、
何がそんなに楽しいの

バースデープレート、出してくれた!

#龍一誕生日　#鉄板焼き

かわいいポーズを
教えても真顔

りくは笑顔♡

りゅう、真顔

りくはダブルピース♡

日清のミュージアムでカップラーメン作り

#りくりゅう味　#普通のシーフード

ヨッシーも一緒

顔、似てるね

#関空リンク　#UFOキャッチャー

四大陸試合後
疲れておなかすいて不機嫌

2023　# 四大陸試合前

2023世界選手権（さいたまスーパーアリーナ前）

世界選手権
休憩用ホテル

2023　# 世界選手権前　# 和食屋
ケンに刺さったBBQ　# 織田信長

WORLD CHAMPIONSHIPS 2023

メダルはどっち?

世界選手権　# メダルはどっちだ　# かぶきあげ

世界フィギュアスケート国別対抗戦のオフタイム
ブルーノと横浜赤レンガ倉庫！

隠し撮り!!
ブルーノが写真を撮っているとこ

馬にとりつかれたぼくら
世界国別対抗戦

世界選手権試合後　食事会場
ブルーノ・マッソ　# 平昌1位　# ブルーノブルーノのコンビで写真

日本からゲストが来ると
必ずお連れするナイアガラの滝

どや!! きれいでしょ!!

なんで後ろ姿やねん

ファイナルのパンフレット # 後ろ姿の写真に不満

全日本選手権にでるぞー!
(バンクーバーでもstopしちゃった)

バンクーバー # 遅延 # 全日本 # やけくそ

オリンピックメガネ!!

ファイナル後 # トリノ
もらった眼鏡

野球見にいくよ

ウエアを買ったんだ♪

CBC 夕方の情報番組「チャント!」に生出演。
スタジオ袖で待機中 # りく超緊張

大好きなコメダ # 卵サンド
口についてるのに気がつかない
いつもそう

コメダでかっこつけるりゅう

鯉にえさをあげたいのに
鳥が取っちゃう

ファミリー集合

りくちゃんと SP龍一

＃2023　＃タンポポ畑の前にて

チームオークヴィルの表彰式

おそろいの帽子

＃りくちゃんマネしないで

＃りゅういちくんが私のマネをした

＃どっち？

りくだとワンピに

りくの服

おーい、龍一くーん

アイス、一口チャレンジ!!

初めて旅番組に出演。
モントリオールにて

世界遺産だー！

THE ICE 栃木公演にて

りくちゃん、何がそんなに楽しいの？

大学生だからね

#移動中は課題　#myパソコン　#みうらりく

ホテルのドアを開けたら立っていた！

#どうして

THE ICEのダンスバトル

#コスチューム　#園児

一日取材。朝から夕方までずーっとしゃべり続けた日。

#IMGの会議室　#メディアデー　#疲れ果てた

脚長りくちゃん

実家にて。姪のベビーサークルの中で寝てしまった

絶賛、時差ぼけ中

帰国したら回転寿し

大好物のコーン巻き　# 3皿目

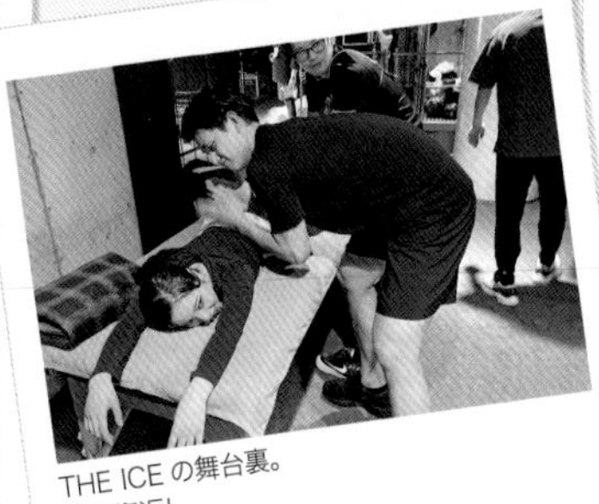

THE ICE の舞台裏。
施術返し

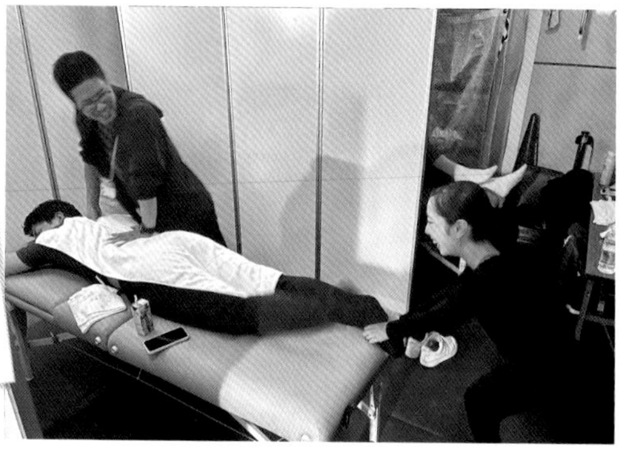

マッサージのお手伝い

のどが痛くて飴を買った

メープルシロップ飴　# マルシェ

慣れない自撮り中..

モントリオールの旅番組。共演者の和合真一さんから自撮りの上手な撮影方法を教えていただいたよ。さっそく実践！

りくちゃん、見えてるよ

2023夏　# 外が気持ちよかった日

カヌーに挑戦！

湖がとっても綺麗だった

鏡面反射の景色

シュガーラッシュにて。
自撮りブーム

おっきい
ブルーノ・マッソさん！

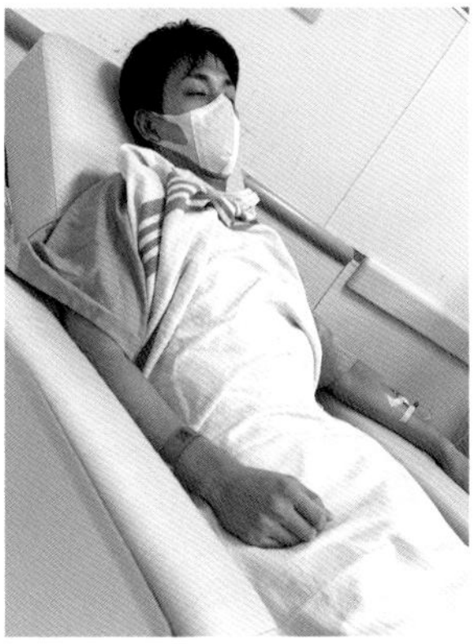

腹痛で救急病院
死ぬかと思った　# 2023 夏の終わり
へたれ

「お菓子買うなよー」
「ばれた？」

龍一くんだって！
口についてるのに気がつかない

無賃労働2
by 龍一

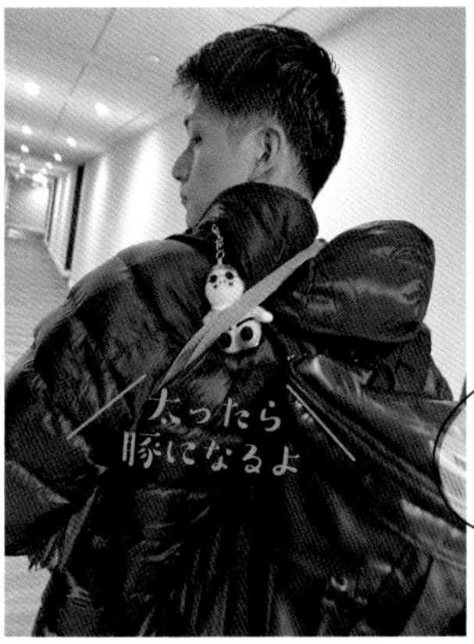
太ったら
豚になるよ

りくからのプレゼント
「紅の豚」

ダイエット中です

りくのお誕生日
爆食い　# ポップコーン

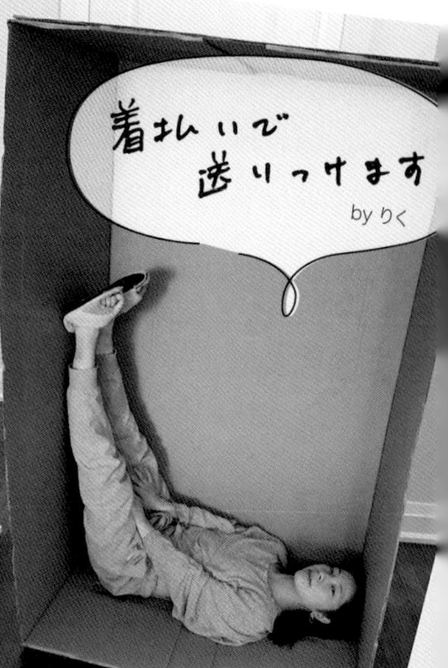
着払いで
送りつけます
by りく

返品不可

吹き出しを書き書き
りくりゅうハッピー DAYS 作成中
みなさんお楽しみいただけましたかー？

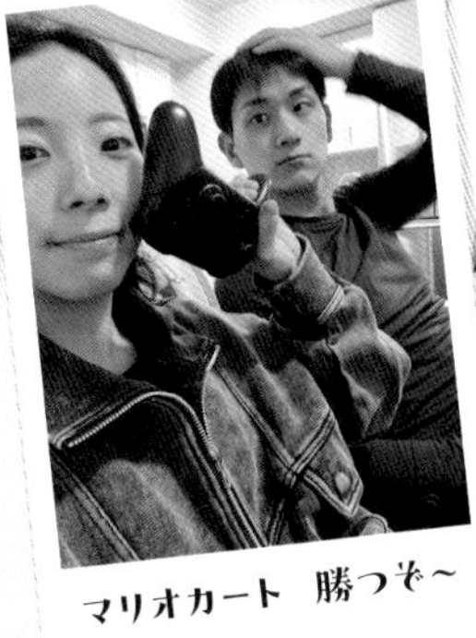

マリオカート　勝つぞ～

INTERVIEW

ブルーノ・マルコット

Bruno Marcotte

璃来と龍一は
感情を人々と分かち合うことができる

コーチ。1974年10月10日、カナダ・モントリオール生まれ。ペア選手として、1993年世界ジュニア選手権で銅メダル、2002年長野の世界選手権で12位。2002年に引退し、コーチに転身、バンクーバー、その後モントリオールを拠点とする。世界チャンピオンで平昌オリンピック銅メダルのメーガン・デュハメル&エリック・ラドフォードらを指導する。2019年春にスケートクラブ「スケート・オークヴィル」でコーチに就任。ISUテクニカルスペシャリストの資格をもつ。2015年に結婚したメーガンとの間に2人の娘がいる。姉ジュリー・マルコットはコリオグラファー。

2023年世界選手権 ©Yazuka Wada

互いへの限りない感謝

ただ2人の人間同士の化学反応《ケミストリー》だけが、大きな出来事を成し遂げる原動力になる――この世では稀有なことですが、璃来と龍一はそういう存在です。

璃来と龍一がチームを結成するかなり前から、私はコーチとして璃来を指導していましたから、彼女のことはよくわかっていました。龍一のことも昔からよく知っていて、なにしろ彼を日本スケート連盟のトライアウト・キャンプで見出して、「ペアをやってみないか?」とリクルートしたのは私ですからね! 龍一のことはずっと信頼していたし、彼にはまだまだ潜在能力があるはずだと思っていました。

そしてあの日がやってきた。日本でのトライアウトで、1時間くらいだったかな。璃来と龍一が初めて一緒に滑る様子を、私はその場でずっと見ていました。彼らは一緒に滑ることをまだ決めていなかったけれど、もしいつかチームを組んだら、特別な2人になるはずだと確信しました。

2019年8月にチームを組むことを決めた2人は、すぐにオークヴィルの私たちのリンクにやってきました。シーズンインまではまったく時間がなかった。それでも、滑り始めたときから、お互いに対して心からの感謝をしていることが見てとれました。とてもポジティブな関係性だった。お互いに対するリスペクトがあり、スケートを高く評価し合っていました。龍一にとってもフレッシュなスタートだったし、璃来にとっても同じで、2人には何のプレッシャーもなかった。自由だったんです。

2人はよく「自分たちのスケートは〝合う〟」と言いますね。その言葉の通り、あの2人は本当によくマッチしている。それはどういうことか。もちろん、同じ情熱と同じ目標を分かち合っていることが理由のひとつです。さらに大切なことに、彼らの目標へ向かっていく哲学《フィロソフィー》が共通なのです。璃来には確固たる龍一への信頼があり、彼が全力で支えてくれることを信じている。彼はつねに彼女をサポートし、励まし続けています。龍一も同じで、璃来からの全幅の信頼があることを確信している。そして璃来には、競技者としてのファイティングスピリットがあります。空高く投げられるのが好きで、龍一のようなパートナーと一緒に滑ることの喜びにあふれている。同じように、龍一も璃来と滑る、一緒に戦うことが楽しくて、うれしくて仕方がないのです。お互いというパートナーを得られたこと、一緒に滑っていけることへの限りない感謝を、あの2人ほど深く内面化しているスケーターはいません。

スケートのスタイルという面では、2人とも信じられないほどひと蹴りの伸びがあります。滑る動きがぴたりと合っていて、美しい。私は彼らのスケーティングを鍛えることに注力しました。2人はもともとシングル出身で、いいスケーティングの持ち主だった。一緒に練習を始めたころ、よく龍一に言ったものです。「きみのスケーティング・スタイル自体にもっと語らせなさい。考えすぎるのをやめて、もっともっと滑るんだ。スケート自体に感情を乗せて滑ることができるようになろう」と。璃来にも同じことを伝えました。

2人には今後ユニークな個性が必要になることはわかっていました。偉大なペアチームはそれぞれまったく違う個性をもっています。メーガン・デュハメル&エリック・ラドフォードにはスロウ4回転があったし、アリョーナ・サフチェンコ&ブルーノ・マッソには大きなトリプルツイストがあった。ロシアのチームは、彼らならではのクラシカルな個性をもっていた。もし世界でトップレベルのチームになりたいのなら、璃来と龍一はその誰とも違う個性を見出さなくてはならなかったのです。2人はバレエのトレーニングを受けたことはないかもしれない。けれど、彼らは最高の〝スケーター〟でした。「きみたちの個性はスピードだ。氷上において最速のチーム、そして最も安定したチームにならなければいけないよ」と言い聞かせました。

じつは最初は、彼らのケミストリー自体は戦略に入っていなかったのです。けれど毎日彼らの滑りを見ていると、彼らの関係性、彼らからあふれ出る滑る喜びは大きな個性だとすぐに気づいた。2人が喜びをもって進んでいけば、そしてスピードと安定感を手にすれば、必ずや周囲の目を引くチームになると思いました。「みんながきみたちのことを話すようになるよ」と予言したものです。

私は彼らの素晴らしい未来を信じていました。彼らはスケートに対して非常に真剣で、練習のルーティンを作り上げ、それを守る勤勉さがあります。規則的なルーティンを守る姿勢は、毎日の練習と私のトレーニングプランの効果を最大化しています。毎朝リンクに来ることを幸せだと感じ、毎日毎日、つねに最良の自分でいることができる。このマインドセットと彼ら自身の才能が組み合わさったとき、コーチとしては彼らがどんどん進歩していく未来を見通すのは容易なことでした。もちろん、こんなにも短期間で世界チャンピオンになることを予想していたかと聞かれたら、ここまでは読めなかったと白状しなければなりませんが!

璃来と龍一は、一緒に苦しい時期を乗り越えてきた。パンデミックのあいだは、母国に帰ることもできず、2人ともつらい思いをしていました。けれどその時期に培われた2人の関係性は、揺るぎないものへと発展していった。苦しさのなかにポジティブな要素を見出すことができるようになり、やがて練習を再開することができてからは、「2人で滑ること」こそが彼らの信じられるもの、安全な居場所、幸せな場所へとなっていったのです。ネガティブな面に囚われて成長できなかったチームも多いなかで、璃来と龍一が成し遂げたのは真逆のことでした。試合がない長い期間に、その長く単調な時間を利用してスキルを伸ばしていった。私たちには、パンデミックという時間から引き出す成果を最大化できたという自負があります。

「あれは誰だ?」という衝撃

それから2人は、2021年のストックホルム世界選手

2022年グランプリファイナル
（右はコーチのブライアン・シェールズ）
©Kiyoshi Sakamoto

権に向かいました。私は龍一に「きみは過去2回のオリンピックに自力では出場していないだろう。どこかのチームの棄権などの状況によって、結果として出場権を得た。今度こそ、自分の力でオリンピック出場枠を勝ち取るんだ」と言ってきた。オリンピック自力出場を目標にしたということにはもっと大きな意味があって、自分たちの運命を自分たちでコントロールするんだという意志の問題だったのです。「日本にはシングル選手たちの素晴らしい伝統がある。けれどきみたちは、進歩し続けることができれば、必ずやオリンピックでメダルを獲るためのキーになれる存在なんだよ」と伝え続けました。

パンデミック前の2019-2020シーズンは、チームを組んだばかりで、NHK杯と四大陸選手権しか国際ジャッジの目に触れなかったから、まだ彼らの本質に気づかなかった人もいたでしょう。世界選手権はキャンセルされてしまい、それから1年ものあいだ試合に出ることもなく、三浦璃来&木原龍一というチームができたことすら認識できていなかった人もいたと思う。

ストックホルムに行き、最初の公式練習に出たときのことを私はよく覚えています。誰も2人のことを気にしていなかったのに、練習が始まり、璃来と龍一がまるで宙を飛ぶように滑って、ひとつもミスなく曲かけ練習を終えた途端、周りのコーチたちが一斉に喋り始めた。練習を見に来たジャッジがやってきて、「あれは誰だ?」とぽかんとしていました。リフトから降ろすときに龍一が氷に膝をついて回転していく動きは革新的ですが、会場中の人々の視線が2人のその動きに釘づけになっているのを感じました。

龍一はそれまで、オリンピックと世界選手権で、SPで上位に入ってフリーに進出できたことがなかったはずです。その彼が、璃来と一緒に、ストックホルム世界選手権ではフリーに進出しただけでなく、10位で大会を終え、オリンピックへの出場枠を自力で獲得することができた。オーベルストドルフ（出場枠が得られなかった国が残りの枠を競い合うオリンピック予選会ネーベルホルン杯）に行く必要がなくなったわけです。そしてそれ以上に収穫だったのは、璃来と龍一が周囲に強烈な印象を与えたことです。フィギュアスケート界のすべての人を驚かすほど、進歩の度合いが飛び抜けていた。次のシーズンの初戦オータム・クラシックで彼らは初めて優勝しましたが、ほかのチームがパンデミックの影響から脱し切れていないなか、2人は素晴らしい演技を見せてくれました。そのときにはもうジャッジたちも、2人の演技を受け止める準備ができていました。

2人のシグネチャーといえる動きは、ひとつは先ほども言ったリフトで龍一が膝をついて回転していく動きで、あれはそれまで誰も試合でやったことがなかった。もうひとつは龍一が璃来を抱きとめるベイビーキャッチ。これは、もともとメーガンとエリックがショーでやったことがあって、彼らが璃来と龍一に実際にやって見せてくれたんです。どちらも、人々が2人に注目し、期待するムーブメントとして定着しました。独創的な動きを作り出すためには練習の積み重ねが必要ですが、忍耐と同時に、何が可能で何がそうでないかを見極める目も重要です。新しい動きがあまりにも安定しないなら、その動きは外さなければなりません。私たちはそういうことを繰り返しています。

北京オリンピックでは、2人の最大の目標は自分たちではなく、団体戦でチーム日本に貢献することであり、すべての計画はそのために組み立てていました。彼らが団体戦で最高の演技を披露し、チーム日本が表彰台に上がる歴史的な結果をもたらしたことは、私にとっても感動的だった。日本の方々が私に寄せてくれる信頼と、私自身が日本のスケーターの成長に寄与することができたことに、とても感謝しています。

2人は語り継がれるチームになる

2023-2024シーズンの初めに、龍一は腰椎の怪我を負いました。2023年3月のさいたま世界選手権で世界チャンピオンになったあと、2人はとても忙しく、カナダで練習に復帰するのはなかなか大変なことだった。シーズンに向けて練習も熱が入ってきたころには、龍一は痛みを感じていたはずですが、彼の演技にはその影響がまったく感じられなかったんです。けれどもいくつかの検査を受け、腰椎分離症だと結論が出たときに、次のオリンピックを最高の状態で迎えるためには、いまこの怪我を治さなければいけないことがわかった。もし今年がオリンピック・イヤーだったら、恐らく競技を続けていたと思います。たしかに龍一の怪我は1シーズンには影響しましたが、長期的には彼らのキャリアには一切影響しません。怪我は苦しい時期ですが、人はそこから立ち上がるものだし、オークヴィルでは最良のサポート環境を用意しています。この期間の璃来の努力は目を見張るほどでしたよ。

彼らには自分たちの人生を自分たちでコントロールする力があります。ただコーチの言うことを聞くというのではなくて、私と彼らのあいだにも、互いへの尊敬に支えられた信頼関係があるのです。ときには私はコーチとして2人に厳しく接することもありますが、コミュニケーションを欠かさず、つねに状況に合わせて話し合いながら練習プランを更新していくことで、彼らも私を信じ、計画に自発的に取り組んでくれている。彼らは学ぶことに意欲的です。スケートアメリカで初めてメダルを獲ったあと、「大きな成功だったけれど、学び続ける意志がある限り、成功はこれからもずっと続いていくよ」と話したのを覚えています。その通りになったでしょう? コーチから指導されたくないと感じる選手もいます。18歳とか、25歳とか、どの段階でそう思うかは人によるけれど、龍一はいま31歳で、まだ学びたいという強い想いを持っている。2人が進歩し続けている理由は、学ぶ意志を絶やさないことです。

そして、私にとっても2人のような教え子をもつことができたのは大きな喜びです。彼らの学ぶ姿勢、信頼関係、滑る喜び。毎日彼らがリンクで練習する姿を見ることが、私の幸せなのです。月曜日の朝にホームリンクに出勤して、彼らの滑りを見ると、４年前に感じたのと同じ興奮が沸き上がってきます。彼らも、同じマインド、同じ目標、同じ喜びをもって、毎日練習にやってくる。変わったものはたったひとつ、周囲の見る目だけです。璃来と龍一自身は変わりません。気にかけているのはいい演技ができるかどうかで、結果はあとからついてくるものなのです。

３冠を獲得した２０２２−２０２３シーズンで、いちばん記憶に残っているのは彼らのプログラムです。私はそれまで以上にプログラム作りに深く関わり、ＳＰは私が見つけた曲を使い、コンセプトを作りました。フリーは振付を担当する姉のジュリー・マルコットが素晴らしいプログラムを作り上げた。いつもの年より思い入れが深かったからか、２つのプログラムを２人が滑るのを見るたびに、私は４年前に亡くなった父のことを思い起こし、「父さん、どうか２人を助けてやってくれ」と祈りました。璃来と龍一は、私のパーソナルな部分に深く結びついています。試合であれ、練習であれ、彼らはつねに何かを達成しようと、わくわくしながら夢中でやっている。その姿に、心の奥が揺さぶられるんですよ。日本の方々に璃来と龍一が愛されるのも同じ理由で、彼らは感情を人々と分かち合うことができる。きっとみなさんのパーソナルな部分にも、璃来と龍一が深く結びついていて、まるで一緒に滑っているような気持ちになるのだろうと思います。あとから振り返ったとき、彼らは人々とエモーションと絆を分かち合ったアイコン的なスケーターとして、歴史に刻まれると確信しています。10年後も、20年後にも、人々は璃来と龍一のことを語り続けるはずですよ。２人が作り出す魔法のような瞬間は決して忘れられることがないでしょう。私がよく例に出すのがローリング・ストーンズです。１人１人では必ずしも最高のミュージシャンではないかもしれないけれど、一緒に演奏を始めると魔法のような時間が始まり、感情がかきたてられる。それと同じで、璃来と龍一はお互いを補い合い、１＋１以上の存在になるんです。私たちは彼らがチームとしてだけでなく、個人として成長していく姿を見ながら、成長することの美しさやさまざまな感情を再発見していくことができるのではないかと思います。

璃来と龍一を教え始めたころ、世界チャンピオンになると予想していたかと問われたら答えはノーだけれど、２人が特別なものを生み出し、フィギュアスケートに何らかのインパクトを与える選手になると思うかと問われたら、答えはイエスでした。いま、２人が日本のみなさんに大きなインパクトをもたらしていることがうれしいです。彼らを通して、ペアという素晴らしい種目を好きになっていただけたらと願っています。すでに璃来と龍一の影響のもと、若いチームが出てきていますよね。私は日本でのペア振興にずっと携わってきましたから、こんな日が来たことが信じられないような思いです。璃来と龍一の旅はまだまだ続く。それを近くで手助けすることが、これからも私の使命であり喜びの源です。

（談）

奇跡のStory
りくりゅうの挑戦

2023年世界選手権 ©Yazuka Wada

プロローグ

「自信がある」

2019年7月、三浦璃来と初めて一緒に滑った日。家に帰って、家族から「どうだった？」と尋ねられた木原龍一は、そう言ったのだという。

ペア選手がパートナー候補との相性を実際に滑って確かめる「トライアウト」。選手同士としてはもちろん顔見知りだった2人だが、組んで滑るのはその日が初めての機会だった。氷の上で手を取り合い、滑り始めた瞬間から、2人ともが「合う」と直感した。

男性が女性を投げ上げ、女性が空中でジャンプと同様に錐もみのように回転するツイストリフト。トライアウトでまず取り組んだその技で、宙に三浦が浮いた瞬間、2人ともが驚いた。

「高い！」

2人とも十分にペアの経験があり、基礎的な力はそれぞれがもっていたから、その経験にない高さの理由は、2人の相性のよさ以外には考えられなかった。

呼吸が合う。タイミングが合う。スケーティングのリズムが、膝を曲げる深さが、スピードが、緩急が合う。2人は顔を見合わせ、目を合わせた。2人だけに通じ合うものが、その場で芽生えた。

自分が感じているこの手ごたえ、この感情は、きっと彼女にも共有されているはずだ――木原の予感のとおり、しばらくして三浦から連絡が入った。すぐにチームを結成することが決まる。

これが、「りくりゅう」という、奇跡のストーリーが始まった瞬間だった。

PART 1　りくりゅう結成

●プレヒストリー…Side Ryuichi

木原龍一は、三浦に出会う直前まで、失意のうちにあった。1992年8月22日、愛知生まれの木原は、シングルの選手として競技を始め、2013年にペア転向。パートナー変更を経ながら続けてきたペア競技だったが、どうしても思うような結果が出なかった。

「2019年8月ごろには、シングルで（中京大学時代のチームメイト）日野龍樹くんと一緒に国体に愛知県代表として出場したら、スケートを辞めようと思っていました」

ノービスのころに頭角を現したシングル選手としての木原は、思いきりのいいジャンプと、爽快感のある滑りが持ち味だった。しっかりとした体幹にもとづく、男子シング

ノービス時代の木原龍一 ©Koichi Nakamura/Image Works

ルらしい精悍なテクニックを備え、２０１０年と２０１１年の全日本ジュニア選手権で表彰台に。２０１１年には世界ジュニア選手権に出場して10位に入った。

　その彼が、20歳のとき、日本スケート連盟の招きで参加したトライアウトを経て、ペアへの転向を決意。前のパートナーとのチームで世界選手権3位の実績をもつ高橋成美とチームを結成する。

　木原のペア転向は、スケート界から歓迎の声で迎えられた。オリンピックに出場できるのは、代表国の国籍をもつ選手同士のチームだけ。ともに日本国籍の２人なら、オリンピックを目指すことができる。オリンピックに団体戦が導入され、男子、女子、アイスダンス、そしてペアの4カテゴリーに選手を擁してメダル獲得を目指すことは、日本のフィギュアスケート界で共有される悲願だったのだ。

　ひとりの選手の肩には重すぎるほどの期待を背負い、木原はまさに1からのスタートを切る。シングル選手は上半身の筋力を使うことがそれほどないため、まずは筋トレで上半身を中心に鍛え、身体を作ることから。デトロイトに渡り、ソチ・オリンピックを目指して国際試合に参戦すると、努力の甲斐あって２０１４年ソチ・オリンピックに団体戦メンバーとしての出場が決定し、その後個人戦にも出場を果たす。だが、高橋とのチームは２０１４-２０１５シーズンを最後に解散。その次のシーズンには須﨑海羽とのチームを結成し、２０１８年2月には平昌オリンピックに出場したが、２０１９年4月に解散を発表した。

　ソチ・オリンピックで、木原の心にいまも焼きついている場面がある。競技が終わったあとの会場で、応援に来てくれていた母と会ったときのことだ。

「母から、『辛かったら帰ってきてもいいよ』と言われたんです。それを聞いた途端、ぼくはもう、泣いてしまって。でもそのときに、『やる』と言ったのを、リンクの景色ごと覚えています」

　そんな思いを抱えて臨んだ4年後の平昌オリンピック。木原は個人戦でまたもフリーに進出することができなかった。
「振り返ると、2019年までは、辛い日々のほうが多かった。脳震盪や怪我にも苦しみました。泣くことも多かったし、気持ちが上がることが少なくて、スケートの楽しさよりも、苦しさ、悲しさのほうが多かったと思います」
何度も苦境を乗り越え、それでも満足できるような成果が得られない日々の果て、もうスケートを辞めよう、スケーターとしての生活にピリオドを打とうと考えた矢先に、木原の目の前に現れたのが、三浦璃来だったのだ。

8歳のころの三浦璃来 © Koichi Nakamura/Image Works

プレヒストリー…Side Riku

木原より9歳年下の三浦璃来も、スタートはシングル選手だった。2001年12月17日、宝塚市生まれの三浦は、ディズニーアニメに憧れて5歳でスケートを始めると、競技会にも出場。くりくりとした大きな瞳と、小柄だがパワフルなスケーティングは当時もいまも変わらない。小さいころはキッズ雑誌のモデルを務めていたこともあり、人見知りをしない、朗らかで天真爛漫なキャラクターの持ち主だった。
もともと、ペアに憧れがあったのだという。1人で滑っても楽しいけれど、2人で滑ったらもっと楽しいんじゃないかな？　もっといろんなことができるんじゃないかな？　そう思っていた彼女は、2015年にペア転向を決心する。同じリンクで練習していた市橋翔哉とペアチームを結成。日本国内に拠点を置く練習環境だったが、中学生のころから定期的にカナダに渡り、のちにりくりゅうのコーチとなるブルーノ・マルコットらの指導を仰いだ。
国際試合へ進出すると、2017年には世界ジュニア選手権に初出場。しかし、2019年7月にチームを解消することになる。それでも、ペアへの想いが断ちがたかった三浦は、連盟主催のトライアウトに参加する。
まったく異なる軌道を描いていたにも関わらず、不思議なことに木原と同じ時期にパートナーを探すことになった三浦。2人はまるで星のめぐり合わせに導かれたようなタイミングで、運命のパートナーと出会った。

●りくりゅう誕生

２０１９年８月、三浦璃来&木原龍一は、正式にチームを結成。ここに「りくりゅう」ペアが誕生した。

結成が決まるやいなや、２人は直後の８月12日にはカナダに渡航した。長期滞在ビザの取得も間に合わないようなあわただしい渡航だった。

カナダに渡ることにしたのは、コーチのブルーノ・マルコットに師事するためだ。これも、３つめの奇跡ともいえるようなタイミングだった。

ブルーノ・マルコットは、ペア選手としてカナダを代表して競技に出場したのち、コーチに転じ、モントリオールを拠点にメーガン・デュハメル&エリック・ラドフォードをはじめとする多数のペアチームを指導してきた。テクニカルスペシャリスト（フィギュアスケートの採点において、実施された技の判定をする技術審判）の資格をもち、ロジカルな指導法で多くのチームを表彰台に上がらせてきた彼は、ちょうどこのとき、転機を迎えていた。

２０１５年にデュハメルと結婚。彼女が２０１８年の平昌オリンピックで銅メダルを獲得したのちに現役を引退したのを機に、２０１９年夏、拠点をデュハメルの故郷に近いトロント近郊のオークヴィルに移すことにしたのだ。

奇しくも同じ時期にチームを結成した三浦と木原が拠点を置くことになったのが、この「オークヴィル・ペア・スケーティング・クラブ」。４面のリンクを備えるアリーナを拠点に、マルコットがヘッドコーチを務め、デュハメルと、やはりペアコーチのブライアン・シェールズも指導陣に加わる。日本からの直行便が飛ぶトロント・ピアソン国際空港からもほど近く、閑静で暮らしやすい環境だ。

新しいクラブにメンバーとして加わった２人は、８組のリンクメイトとともに練習することになった。２人にとって、周りに切磋琢磨する仲間ができたのは大きなことだった。

たとえば何かうまくいかないことがあれば、試しに別のチームとパートナーをシャッフルしてその技をやってみる。すると、どちらに問題があるのかすぐにわかるから、修正にも時間がかからない。練習がうまくいかず、苦心するところがあっても、周りからのにぎやかな声援で、煮詰まらずに切り抜けることができた。

木原はもともと悩んで考え込むタイプだというが、そうした明るいクラブの雰囲気は、大いに助けになった。

スケートが楽しい。練習が楽しい。初めての感覚だったという。

「最下位ばっかりで、自分はペアに向いていないんじゃないか、もう辞めたほうがいいんじゃないか」とまで思っていたのが、「素晴らしい環境で、素晴らしいチームと練習できている。ひとつひとつのエレメントに自信がもてるようになった」と大きくマインドが変わった。

彼はパートナーの三浦に対しても、自分から率先して、「失敗しても大丈夫。次、がんばろう」と、前向きな言葉をかけるようになる。新しいパートナー、新しい練習環境、

 2019年NHK杯 ©Japan Sports

長期の海外生活と、まだ高校生の年齢で慣れない日々に奮闘していた三浦にとっても、そんな木原の姿勢が支えになった。

練習を始めたばかりの初々しいりくりゅうペアを、夫であるブルーノ・マルコットとともに指導し始めたメーガン・デュハメルは、その半年後に彼らについてこんなふうに語っている。

「私は現役時代、龍一と同じ試合を戦っていましたが、そのときは彼のよさが見えていなかったと思います。でも、いまは彼のよさがわかります。以前は、彼の滑りはこぢんまりとしてスピードも足りませんでした。彼が私たちのリンクに来たとき、ブルーノが『シングルスケーターと同じように滑らないとだめだよ』と龍一に言ったんです。猛練習をして、彼はとてもよくなったと思う。璃来のことは以前から教えていましたから、彼女がシニアレベルで戦えることはわかっていました。2人はとてもよく練習し、雰囲気も明るい。チームとして強い結びつきをもって練習すれば、上達も容易です」

コーチングチームが、克服すべき問題点をはじめから見抜き、方向性のある指導を行ったことがわかる。一方では、カナダに移り住んでいくらも経たないうちに、野球好きな木原とブルーノコーチが連れ立って、トロントに本拠を置くメジャーリーグのブルージェイズ戦を見にいくなど、順調に現地の生活になじんでいった。

わずか2、3ヵ月ながら、手厚い指導のもとで過ごした三浦と木原は、いよいよ本格的な国際大会の初戦を迎える。母国日本で開催される、2019年NHK杯だ。

2019年NHK杯

2人が最初に出場した試合は、2019年10月に行われた軽井沢での東日本選手権。その前にエントリーしていたカナダのローカル大会ではフリーの振付がまだ完成しておらず、SPだけで参加した演技でもリフトで落下するなど、まだ試合とはいえないような状況だった。そこから急ピッチでフリーを仕上げ、日本に帰国し、1組だけのSPとフリーを滑った。

このとき、早くも2人のあいだにゆるぎない絆が生まれていることは明らかだった。

「安心感がすごくて、絶対に落とさないっていつも言ってくれるんです。だから最近、安心しすぎて、落ちてもいいやと思うようになりました!」

明るくそう話す三浦に、「落ちるのはやめて」と横から笑いながら口をはさむ木原。組んだばかりとも思えないような、信頼感のあるテンポのよいやりとりは、2人の相性のよさが技術面にとどまらないことをうかがわせた。

この大会で、「まだシニアの点数ではない」と反省しきりだった2人は、まずはミニマムスコア(ISU選手権に参加できる最低限の点数)取得を目指し、次戦NHK杯のため札幌に赴くことになった。

2人にとって初のシーズン、ショートプログラムは「ノクターナル・アニマルズ』より「Wayward Sisters」、フリーは「Fix You」。この選曲は、「最初のシーズンだから、日本の皆さんにも耳なじみのいい曲で」とブルーノコーチから提案されたのだという。

NHK杯のSPでは、弦楽のメロディアスな響きとともに滑り始めると、トリプルツイスト、スロウルッツと技を重ねていく。スピンなど課題も残ったが、ひとつひとつの技を着実に行うことを重視しながら、よく揃ったスケーティングで音楽のニュアンスを表現することができた。

そして、フリー「Fix You」は、稀にみるエポックメーキング的な演技となった。目の覚めるようなコバルトブルーの衣装に身を包んで滑り始めた2人は、冒頭にトリプルツイスト、続いて3回転トウループ＋2回転トウループ＋2回転トウループの連続ジャンプを降り、スロウトリプルルッツを決める。多くは初めてりくりゅうの演技を目にした観客席が、予想を大きく超える高度な技とユニゾンに、わっと一気に沸いた。

瞬きも忘れた数多くの視線が、2人に集中する。その集中は転倒にも揺らぐことはなく、コレオグラフィーの一挙手一投足に、観客の感情が連動した。2人のペアスケートを彩るのは、コールドプレイが歌う、傷ついた心をやさしく慰めるような歌詞と、後半に向けてドラマティックに盛り上がっていく旋律だ。

演技が進むにつれて、抑えきれない喜びが湧き出したかのように、大きな笑みを浮かべる木原。滑り終えたとたん、なだれ落ちるような歓声とスタンディングオベーション。スター誕生とはこういう瞬間のことを呼ぶのだと言いたくなるような、センセーショナルな場面だった。そこに生まれたのは、りくりゅうというペアの未来への確信であり、日本のペアスケートが変わっていく予兆だった。

この試合、優勝は中国のスイ・ウェンジン&ハン・ツォン。4回転ツイストをはじめ高度な技術と、唯一無二のストーリーを紡ぎだすドラマティックな表現力を備えた、2人が憧れのペアとして真っ先に挙げるチームだ。2位は同門の先輩チームであるカナダのカーステン・ムーア＝タワーズ&マイケル・マリナロ。憧れのペアたちがトップを牽引した試合で、りくりゅうはグランプリ初出場にして5位と、目覚ましい成績を挙げる。SPで62・41点、フリーで117・53点、総合179・94点という得点を得て、もちろん目標だったミニマムスコアを余裕で獲得した。

「SPは50点台だと思っていたのに60点を上回る点数がいただけた。フリーでも、練習でのシミュレーションでは106点くらいかと考えていて、ブルーノからは『シーズン最後の試合までに115点を目指そう』と言われていたのに、最初の試合でその点数を超えることができた。出場メンバーを見たときに絶対最下位だろうなって思っていたんです（木原）」

この大会でのもうひとつの収穫は、スイ&ハンをはじめトップ選手の演技を間近に感じたことだったろう。

「競技の前に、スイさんが隣に立っていて……」と夢見る

2019年全日本選手権
©World Figure Skating/Shinshokan

ような表情で話していた三浦。ただ見ているだけではなくて、自分たちも彼らと並んで試合のリンクに立つことができる。そう自覚したことは、2人に大きな自信を与えた。

ＮＨＫ杯のあと、カナダに戻った2人は次戦の全日本選手権に向けて、ＳＰを変更する。新しい曲はレディー・ガガの「Million Reasons」。コーチからは「予想外にうまくかみ合ってきたから、もっといいものを目指そう」と提案されたのだという。技術の向上を目指して練習に取り組み、12月の全日本選手権に出場。この試合は、結成以来走り続けてきた2人にとって、やや疲れの出る試合となってしまった。

「足が止まってしまったけど、スタミナ切れでも、楽しんで滑っていることが伝わるよう意識して滑りました（木原）」

ＮＨＫ杯ほどの演技はできなかったという反省はありながらも、日本唯一のペアチームとして、四大陸選手権、世界選手権の代表に選出される。

２０２０年２月の四大陸選手権は、ソウルでの開催。チームとして初めてカナダ、日本以外での海外試合に臨んだ2人は、総合8位に。若干精彩を欠く出来となったものの、焦りは感じられなかった。

「失敗しても、後に引かない、自分たちらしい練習通りの演技ができるようにしたい」

正しいコースに乗っている、という確信がその口ぶりからも感じられた。オークヴィルで練習を再開した2人は、3月にモントリオールで行われる世界選手権に向けて、プログラムのブラッシュアップにいそしんだ。

だが、さあ現地入りしよう、というタイミングで襲ってきたのが、新型コロナウイルス感染症の世界的なパンデミックだった。

PART 2　コロナ禍の2人

●世界選手権中止、コロナ禍のオークヴィル

２０２０年3月、新型コロナウイルス（Covid－19）のパンデミックが本格化。各国が次々に国境を閉鎖するという前代未聞の事態が世界中に広がった。モントリオールが位置するケベック州保健省およびＩＳＵは3月11日、世界選手権の中止を決定する。日本からもモントリオールに到着するやいなやとんぼ返りを余儀なくされる代表選手が出るなど、情勢が緊迫するなかでの決定だった。

その5日後の3月16日、カナダ政府は正式に米国民以外の外国人の入国を禁止。オークヴィルで世界選手権中止の決定を聞き、推移を見守っていた2人にとっては、「もし一度カナダを出国したら、もうカナダに戻ってこられなくなる。それがいつまで続くかわからない」ということを意味した。

2020年四大陸選手権にて。
コーチのメーガン・デュハメルと
©Japan Sports

国境が閉鎖され、ショッピングモールや公共施設など多くの施設がクローズしていき、リンクも閉鎖されるという未知の事態。日本に帰国すべきか揺れ動いた2人だったが、やがて決断を下す。

――このまま2人でカナダに残る。

それがどれほど重い決断だったかは、想像するに難くない。不確定要素が多く未来が見通せないなか、さまざまな点で安心材料の多い母国に帰るという選択肢をとる邦人が多かった。けれども、何よりもフィギュアスケートに集中したいという、信念と呼んでもいいほど強い想いが、2人により困難な選択肢を選ばせたといえる。

まもなくホームリンクが閉鎖され、ロックダウン、ステイホームが呼びかけられるなか、練習をすることもできずに家にこもる毎日が始まった。だんだんと辛さがつのる日々を、三浦はこう振り返る。

「最初はあまり実感がなかったんです。もともと家にいるのが好きなので、自宅待機なんて余裕と思っていた。でもそれがずっと続いて、ある夜に家の窓から月を見上げていたら、日本と同じ月なんだなと思って……家族や友だちに会いたいという気持ちがあふれてしまって、ホームシックで泣いちゃったのは初めてでした」

それを支えたのが木原だった。

「難しい状況で、りくちゃんもつねにネガティブだった。家のなかにいるのはよくないと思ったから、散歩に連れ出して。家から出たくないって、最初は嫌がっていましたけどね(木原)」

だんだんと制限が解除されてくると、車でドライブに連れて行ったり、近くに遊びに行ったり。気分転換ができるように、できるサポートは全部した。

木原自身も辛さや孤独を感じていたが、パートナーのいるペアのチームだからこそ、互いの存在が心の支えになった。

ロックダウンの最初の時期はまったく氷上練習ができない期間が続いた。練習は、インラインスケートを購入して屋外で滑ったり、ボールを投げるトレーニングをしたり。2ヵ月ほど経ってリンクが再開してからも、オンタリオ州の規制で、1度にリンクに乗れる人数は4人まで。ペアスケーターであっても手をつないで滑ることは許可されていなかった。

「ペアスケーターなのに、手をつないで滑れない……仕方がないので、なるべくぎりぎりを離れずに滑るスケーティングの練習とかをしていました(木原)」

手をつないで滑るペアスケートの練習ができるようになったのは8月に入ってから。じつに5ヵ月ぶりとなるペア本来の練習ができるようになると、生活面ではいまだに不便な状況が続くなかでも、2人は練習に打ち込んでいく。

「日本に帰りたいなって思っていたけれど、結果的には、それがあったからこそ成長できたんだなと感じます。スケート的にも、メンタル的にも。それまでは試合に行ったり、日本に戻ったりと行ったり来たりだったけれど、コロナ禍のあいだは1年4ヵ月ずーっとカナダだったので、リンクが再開して練習ができるようになってからはすごく濃い練習をさせていただきました。それが自分たちの成長につながったと思います（三浦）」

コロナ禍のあいだにも、日本では無観客でブロック大会をはじめとする選考大会は開催されていたが、カナダは世界的に見ても制限が厳しく、スケートカナダやカナダ選手権をはじめ多くの大会が中止に。国際大会へのカナダ代表選考すら、審判員や役員が選手の練習リンクを訪れたり、リモートでつないだりして個別に演技を見て選考したというほど厳しい制限だった。

そもそも外国人である2人には出られる場がない。ひたすら、リンクで自分たちのスケートと向き合い、技術を高める練習に取り組む日々。その期間に向上したのは、技術だけではなかった。

「関係性、ですかね。私はずっと龍一くんに対して敬語だったし、それはコロナ禍に入ってからも続いていたけれど、いろいろなところに連れて行ってもらって、だんだん敬語ではなく対等に話せるようになった。9歳上なので、遠慮があったんです（三浦）」

はじめから相性がよく、スケーティングの質やタイミングが似ていたとはいっても、やはり練習と経験を共有してこそ培われるペアならではのパートナーシップというものがある。普通なら何年もかけて育てていくその関係性を、2人はコロナ禍のあいだに急速に深めていった。

「コロナの時期でロックダウンが行われて、練習にも生活にも制限がある状態を経験したことで、信頼感は深まりましたね。技術的には、1年4ヵ月ものあいだブルーノコーチのもとで練習できたのはもちろん大きかったです（木原）」

目指す試合がないのに毎日練習するのは不思議な感覚だった。何のためにやっているのだろうと気持ちがくじけそうになることも。が、それでもモチベーションを保つことができたのは、2022年の北京オリンピックという大きな目標があったからだ。

終わりが見通せないなか、自分たちにこう言い聞かせる日々だったという。

必ず自分たちの順番が来る。待つしかない——。

●ストックホルム世界選手権

ペアチームとしても、気持ちのうえでも、ブレイクスルーになったのは、1年ぶりに出場する試合となった2021年3月のストックホルム世界選手権だった。上達したと多くの人から声をかけられ、それが結果にも表れた。

コロナ禍のあいだ、2020-2021シーズンのグランプリシリーズは中止または各国の国内選手だけで行われ、四大陸選手権や世界ジュニア選手権は中止になるなか、実施の方策が探られていたストックホルム世界選手権。検討の末、バブル方式で実施することが決定する。

試合は無観客で、選手は会場とホテル以外に立ち入ることは許されず、人的な接触と行動範囲を厳密に制限されるバブル方式。2人も、事前に義務づけられたPCR検査を受けたうえで、ブルーノコーチとともに久しぶりの飛行機でストックホルムの地に降り立った。

2人が1年遅れで初出場の世界選手権に携えていった新しいプログラムは、SPが「ハレルヤ」、フリーが「Woman」だ。いずれも、1年以上一般には聞こえてくることがなかった2人の進歩が、はっきりと表れた演技となった。

SP「ハレルヤ」は、前シーズンのフリー「Fix You」の流れを汲む、耳なじみがよくエモーショナルな曲調。しっかりと要素を組み込みながらも、清楚な情感があふれる。

「『ハレルヤ』は自分たちのなかで、辛い時期を乗り越えてやっと試合に出られるようになったときの曲なので、滑ることができる喜びがあったし、世界的にぼくたちを知ってもらったのもあのプログラムだったと思う。いまでも特別な存在です(木原)」

フリー「Woman」は、氷上にひざまずく静かな滑り出しから、次第にスケールアップしていくスケーティングで魅せるプログラムだ。

このころには、身近なスケーターや関係者、熱心なファンだけでなく、国際大会のジャッジといった専門家やテレビでフィギュアスケートを観戦するファンまで、幅広い人たちのあいだで、「りくりゅうペアって、見ているだけで幸せになれる」「思わず笑顔になってしまう」といった声が聞かれるようになってきた。

彼らの演技が幸福感に結びつく要素はいくつもあるが、もちろんその筆頭は、心の底から楽しいという気持ちがあふれ出ている笑顔と、喜びや悔しさといった気持ちを素直に外に出す自然な感情表現。互いを高め合い、励まし合うパートナーシップ。キス&クライや演技後のコメントに見られる、気負いのないユーモラスなやりとり。それらすべてから伝わる、2人の人間性だ。

木原は「コーチからは『笑顔は素敵だけど、曲調もあるから抑えなさいね』と言われるんですが、コーチからの指示がそれだけ唯一守れなくて……。結果が出せない日々が長かったし、試合もなくて、スケートの楽しさを何年ぶりかで思い出したかなって思います。とにかく楽しいっていう感情しかない。理由はわからないんですけど、リフトの最中から自然と笑顔が出てきてしまって、変えられないんですよね。がんばります」と頭をかいていた。その飾り気のない笑顔が会場中に伝染し、見る側も思わず微笑んでしまうのだろう。

もちろん、彼らの演技、スケーティングやペア技術そのものにも、心をとらえ気持ちを浮き立たせるさまざまな要素がしっかりと根を張っている。

まず、そのスピード。滑り出しや着氷のスケーティングエッジの角度までもきれいに揃っているのは、まさに「自分たち2人のスケートは似ている」と語る部分だが、ディープエッジに乗ってひと蹴りごとに加速し、あっという間に

2021年世界選手権 ©Yukihito Taguchi

トップスピードに到達する。そして、技の前で減速することなくそのままのスピードで踏み切る。結果として、技のスケールが大きくなる。

スピードの速さはまた、リンクカバーの広さにも結びつく。端から端まで瞬く間に横切り、反転し、また反対側へとカーブしていく、見応えある雄大なスケーティング。リフトで三浦が空中にあるときも、片手で支えながら迷いなくスピードに乗っていく木原の足さばきはほれぼれするほどだ。

2人はシーズン中にも短いスパンでも振付のブラッシュアップを欠かさない。ジャンプの踏み切りの前のエッジチェンジ、工夫を凝らしたリフトの入り方、降り方。細部をおろそかにせず、逆に大向こうを狙うこともなく、すべてのエレメンツを丁寧に洗練させていく。

その結果、シーズンを通して演技を披露するたびに、清らかな花のつぼみが満開へと花開いていくのを見守るような、フレッシュな感動を見る人に与える。ことさらに濃厚なドラマを演じることをしなくても、成長と進化のプロセスそのものが、それだけで心を揺り動かすドラマとなっているのだ。

コロナ禍のあいだの練習の成果によって、より難しいエレメンツを組み込むことができるようになり、出来栄えの面でも向上。何より、自分たちらしいスケートを披露することを恐れなくなったりくりゅうは、ストックホルム世界選手権を10位という成績で終える。

「世界選手権の前から、コーチには『お前たちは世界のトップ10に入れる実力があるんだから、もっと自信をもって、練習から手を抜かずに滑りなさい』と言われ続けていたんです。ぼくらは半信半疑だったけど、コーチの言った通り、本当に世界10位になった。先生たちの言っていたことは本当だったんだ、自分たちにもできるんだと思えた。もっと上を目指していいということがわかりました（木原）」

いよいよ、オリンピックシーズンである2021―2022シーズンへ向けて、大切な時期が始まろうとしていた。

PART 3　表彰台到達、そして北京オリンピック

●グランプリ初メダル

2021年3月のストックホルム世界選手権を終えたりくりゅうは、久しぶりに日本に帰国した。4月にアイスショー「スターズ・オン・アイス」八戸公演への出演、それからそれぞれ実家に帰ってつかの間の休養。けれども、今度はカナダに戻ることができなくなった。入国制限が予想を超えて長く解除されなかったためだ。ブルーノコーチとはオンラインで結び、「状況がよくなる時が来るから、ネガティブにならず、とにかくポジティブでいなさい」と励まされながら日本で練習を続けた2人だったが、リモートでの指導にはやはり限界がある。2人はカナダに戻る希望をもって、7月にまずボストンに渡ることにした。

ボストンのリンクではチームメイトにも恵まれ、またカナダ国籍のブルーノコーチや、振付のジュリー・マルコットは米国との行き来ができたため、ボストンまで練習を見に来てくれた。「第3のホーム」と呼ぶまでに馴染んだボストンでの約1ヵ月半を経て、9月上旬に国境が開いたカナダへの帰還がかなう。もうシーズンは目前だった。

2021―2022シーズンの初戦は、カナダに戻った約10日後にホームのオークヴィルで開催されたオータム・クラシック。ここでりくりゅうは国際大会で初めて、表彰台の中央に立った。グランプリ前哨戦にあたるチャレンジャーシリーズの大会だが、2位にジェイムズ&ラドフォード、3位にケイン=グリブル&ラデュークと有力選手が揃い、決して楽な試合ではなかった。プログラムは前シーズンから継続で、SP「ハレルヤ」はスピードに乗りながらも技術レベルとユニゾンに磨きがかかり、木原が膝をついて三浦を降ろすリフトなどに加え、2人のシグネチャームーブメントとなった「ベイビーキャッチ」（両手をつないで三浦が木原の脚のあいだをくぐり、そのままはずみをつけて〝お姫様抱っこ〟にする動き）も愛らしい見どころに。

いい風にのって10月のグランプリ初戦スケートアメリカに出場した2人は、初めてのグランプリメダルを手にする。SPはほぼノーミスの素晴らしい出来。1つ1つ決めてい

くごとに歓声が上がり、テンションが上がっていく。フリー「Woman」ではスロウルッツで転倒するミスが出たが、ボードにぶつかりながら果敢に立ち上がる姿すらも観客の心をつかんで、ロシアの強豪タラソワ&モロゾフに次ぐ2位という結果を達成した。

このシーズン、2人は「過去の自分たちに勝っていくこと」をテーマに掲げていた。もちろんオリンピックを前に、順位や点数の面で目指す数字もあったが、それよりも進化していく姿を見せたい、日本に世界を目指せるペアが出てきたことを発信したい、という想いが強かった。その想いの通り、スケートアメリカではパーソナルベストスコアを更新、続くグランプリ2戦目のNHK杯でも3位で表彰台に上がる。自信をつけながらオリンピックへと向かういい軌道に乗っていた。

初出場のはずだったグランプリファイナルは、直前に開催国日本の入国制限により中止。国境の状況を考慮し、帰国して全日本に出場することなく早々にオリンピック代表が内定した。直前の試合に出られない不運に見舞われながらも、いよいよオリンピックが目前に迫ってきた。

●北京オリンピック

２０２２年2月に開幕した北京オリンピック。アスリートなら誰でも夢見るスポーツの祭典は、厳しい行動制限のもとでスタートした。木原にとっては3回目、三浦にとっては初めてのオリンピックだ。

日本チームにとって大切な団体戦は、開会式と同日の2月4日から。りくりゅうペアは、SPでパーソナルベストをマークし、9組中4位につける大健闘を見せる。滑っている最中から笑顔がこぼれ、最後には飛び上がって喜ぶりくりゅうらしさ満開の演技だった。男子、アイスダンスの3種目での総合で、日本チームとしては4位で初日を終え、5ヵ国が進出するフリーを臨む位置へつける。6日の女子で日本はチーム3位と順位を上げ、フリーへの進出が決定。

そして2月7日、その日最初の種目だったペアで2人はまたもパーソナルベストをたたき出し、ペアでは2位。順位点の点差から、その後の種目の結果を待たずに、早々に日本チームの表彰台を決めるという快挙となった。団体戦が導入されて3大会目の北京大会で、それまで弱みとされてきたペアが、メダルの最大の原動力になったのだ。「自分たちを知ってほしい。そのために結果を出したい」と願った2人にとって、またとない大舞台でのまたとない結果。

「少しでも日本の力になればいいと思っていたので、2位にはすごく驚いています。2人とも頭が回っていなかったので、パーソナルベストだとは思いませんでした(木原)」

日本は最終順位が3位(その後、2位に繰り上げられた)で、会場でのセレモニーにおいてチーム全員で表彰台に登る。他国によるドーピング問題に揺れ、メダル自体はお預けとなってしまったが、このオリンピックで「りくりゅう」の名は日本で広く知られるようになった。

ペアの個人戦は2月18日から。約10日の期間を、りくりゅうは練習リンクで調整を続けながら、選手村の雰囲気を目いっぱい楽しんで過ごした。18日のSPは8位。ミスが出て自信が揺らいだというが、2人で話し合ってノーミスを意識しすぎたことに気づき、「フリーは全ミスの勢いでやろう。思いきって笑顔で滑り切ろう」と気持ちを切り替えた。つらいことがあっても、必ず話し合って乗り越えるというチームの絆が生き、翌19日の演技は見違えたようにのびのびとした演技に。2人の最初のオリンピックは、総合で7位という結果になった。

オリンピックを終えた2人は3月、フランス・モンペリエの世界選手権に赴いた。SPではスロウルッツでミスが出て3位発進となったが、オリンピックで得た経験と悔しさを試合に生かして、フリーをしっかりとまとめあげ、日本歴代最高の銀メダルを獲得する。

木原はメダルを獲得した後、8年後のオリンピックでは37歳になるが？と問われて、こんなふうに語っている。

「行けますよ。氷から降りると忘れ物が多かったり頼りないところもあるけど、氷の上では三浦さん以上のパートナーは絶対もう見つかることはないと思う。それがわかっているので、4年後、8年後が見えている。お互い以上のパートナーに出会うことはない、それが言われなくてもわかっているから、自然とそういう言葉が出てくるんだと思います」

このシーズンは、成長と悔しさ、両方を自分たちの財産としてしっかりと刻み、一歩ずつ進む堅実さと、長いスパンで未来を見通す視野を得たシーズンとなった。世界の表彰台に乗ることを当然だと受け止められる、チームとしてのプレゼンスも築いて、2人はオリンピックシーズンを締めくくった。

●怪我

日本でオフシーズンを過ごしていた2022年7月下旬、思いもよらないアクシデントがやってきた。アイスショーでの演技中に三浦が左肩を脱臼したのだ。

ペア選手はとくに怪我がつきものだ。シングルと比べて格段にダイナミックな技はそれだけ負荷も高く、またリフトやスロウ（投げる）ジャンプをする競技特性から、脳震盪の危険も高い。肩の脱臼は、手をつないで力を伝える技が多いだけに、回復中は練習に大きな制限がかかる。

三浦は2ヵ月間、ペアとしての練習ができなかった。2人は日本に残って、三浦の治療とリハビリをしながら、木原だけがひとりでスケーティングの練習を続けるというスタイルを選んだ。木原は「りくちゃんだけだと、電車を乗り間違えるんじゃないか、先生の言うことを聞き逃すんじゃないかと心配だから」と言いつつ病院にも同行し、状態やリハビリの注意を一緒に聞いた。

中京大学のリンクで、木原はひとりで曲かけをしながらのスケーティングや筋トレを続け、週末には三浦が合流して一緒に滑るだけの練習をしたが、三浦はつらい気持ち

2021年NHK杯 ©Yoshiki Kogaito/Sports Nippon

を抱えていた。
「龍一くんがひとりで滑っているのを見て、怪我をしたことをすごく悲しく感じてしまって」
我慢を続け、9月半ばにカナダに渡航。それからは簡単なエレメンツから練習を再開した。
「2ヵ月ぶりに2人で滑って、安心するな、私の居場所はここだなと思いました」
木原も「ぼくらは2人揃わないとダメなんだなと改めて感じた」と話す。回復のプロセスで、木原とブルーノコーチは、三浦に何度も「完璧を求めなくていい」と伝え続けた。もともと、三浦は競技においては完璧主義。そこからネガティブに陥ることも多かった。
「試合のときも、ミスを徹底的になくしたいから、ネガティブになっちゃうんです。ミスしたらどうしようっていう恐怖感からネガティブになりすぎて、またミスを起こす悪循環が生まれていた。龍一くんは『もともと自分はポジティブではなかった』って言うんですけど、それでも考え方がすごくポジティブで前向き。すごいなあって思っていました」

PART 4　年間グランドスラム達成

●グランプリ初優勝

地元オークヴィルの隣町ミシサガで開催されたスケートカナダで、りくりゅうは日本ペアとして初めてグランプリ大会優勝。練習期間が短く不安もあったが、調子が上がっていくタイミングで迎えた試合での、うれしい初優勝となった。地元で練習していることを知る観客からは、エ

木原はそれをブルーノコーチからの影響だとする。
「よく言われるのが、『どちらかがネガティブになったときに一緒に落ち込んでしまったら、立ち直るチャンスがなくなる。どちらかがポジティブでいれば、いつか必ず引き上げられる』ということ。だからポジティブでいるように心がけるようになりました」
とはいえ、練習を再開したばかりのころは、木原は怖くて仕方なかったという。どのくらい力をかけたら痛みが出てしまうのか。無理をしたら再発してしまうんじゃないか。探り探りの彼に、今度は三浦のほうが「大丈夫、痛かったら言うから」と繰り返し伝えた。リフトはおもに左手で支えるため、左肩に負担をかけないノーハンドリフトも開発。また、ユニゾンを意識しすぎて自分たちの滑りができていなかった2人に、振付のジュリーからは、「あなたたちの滑りはもっと膝をつかったリズムのいい滑りなんだから、もっと滑りなさい」とアドバイスされた。
SP「You'll Never Walk Alone」はアイスショーで滑っていたが、フリー「Atlas: Two」はたった数回の通し練習で初戦スケートカナダに臨んだ。

レメンツが決まるたびに大声援が上がった。滑り終え、怪我を乗り越えた喜びをかみしめるように氷上で手を取り合う2人に降り注ぐ祝福の拍手。応援に支えられた勝利だった。

「カナダは第2のホームなので、ものすごく声援を送っていただいて。海外での試合のときは心細くなるんですけど、ひとりじゃないと思えた(木原)」

SP「You'll Never Walk Alone」は怪我をする前の春に作ったプログラムだったが、ひとりじゃない、つらいときこそ一緒に歩いていこうと歌う歌詞は怪我のあとの2人を取り巻く状況にぴったりと合った。肩に負担をかけないためにベイビーキャッチは封印しつつも、心の結びつきを滑りで表現するりくりゅうらしいプログラムに。フリー「Atlas:Two」は、浮遊感のある軽やかなコレオグラフィーのなかで、流れるようにポジションが変わっていくスケーティングそのものが見せ場となる美しいプログラム。三浦も「曲自体が好きだし、歌詞も素敵だなと思います。大好きなプログラム」と想いを寄せる。

グランプリ第2戦はNHK杯。3年前にグランプリデビューをした同じ札幌・真駒内のアリーナは、りくりゅうを応援しようという母国の観客の熱気にあふれていた。SPはパーソナルベストを大きく更新する完璧な演技。「とにかく楽しんで滑ることを意識した」という試合で、フリーでもいくつか乱れがありつつも気持ちを乗せて滑り切り、演技を終えたあとの「セーフ、セーフ」という三浦の可愛らしいジェスチャーも観客の笑みを誘った。結果は2位以下に30点近い差をつけての優勝。グランプリ連勝で、前シーズンは中止となり出場がかなわなかったグランプリファイナルへと駒を進めた。

●グランプリファイナル、四大陸選手権優勝

イタリア・トリノ、かつてオリンピックが開催されたパラヴェーラが2022年グランプリファイナルの舞台だ。

グランプリで2勝し、堂々の優勝候補としての出場。経験のないプレッシャーのかかる試合となった。そしてこのとき、そのプレッシャーにペースを乱されてしまったのは、意外にも、木原のほうだった。

SPは課題だったレベルの取りこぼしに進歩が見えて、自己ベストに迫る78・08点。三浦はSPの前にとても緊張してしまったといい、普段なら言わないけれど、試合前に木原に「じつは緊張している」と伝えた。「今シーズンはこがゴールじゃないよ」と返した木原のほうは、シーズン序盤と比べても、練習を信じていける精神状態だった。「初めてのグランプリファイナルという重みをどこかで感じていたので緊張してしまったのですが、すごくいい言葉をかけてもらって、安心した」という三浦も、自信をもってSPに臨めたという。

問題はフリーだった。1位で折り返し、優勝が見えてきた状態で臨む試合。朝から強い緊張がやってきた。緊張する木原に、三浦は懸命に声をかけたが、張りつめた

感情が解けない。滑り出しから調子が上がらず、木原の側にも三浦の側にもミスが重なった。硬さのある前半から、後半に向けて精度を上げていったのはさすがだったが、終盤の木原は日ごろの笑顔が少なく、いかにも苦しそうな表情。滑り終えると氷上にしゃがみ込み、「サルコウのミスが結果に響くと思う。ごめん」と三浦に謝ったという。キス&クライで結果を待ちながら、堰を切ったように涙した木原は、優勝のアナウンスとともに顔をくしゃくしゃにして泣いた。三浦もつられるように涙。

「いい演技をしたいという気持ちが強すぎて、気持ちに負担がかかってしまいました。ものすごく緊張してしまった。プレッシャーとの向き合い方については、いい経験になったと思います(木原)」

メジャー大会で、優勝がかかった演技がどれほど重いものなのか。初めて経験する試練を乗り越え、りくりゅうは日本ペア初のファイナル制覇という歴史を作った。

2人の次の試合は年末の全日本。3年ぶりの全日本に向けて出発した2人だったが、カナダを覆った悪天候のため再三にわたりフライトが遅延するハプニングに見舞われる。2日以上をかけて日本にたどりついたが、今度は衣装と木原の靴がロストバゲージになってしまい、全日本出場を断念する事態に。それでも、もちろん四大陸選手権と世界選手権の代表に選出され、エキシビションの「メダリスト・オン・アイス」では観客の前でファイナル優勝者の滑りを披露した。

2023年の年始すぐにオークヴィルに戻った2人は、靴を替えて調整をすませると、四大陸選手権に向けた練習に没頭した。開催地は標高1800メートルという高地にあり、演技をすると高山病に近い酸欠状態になることで知られるコロラドスプリングス。体力が必要だった。

2月、練習を積んで大会に赴いた2人。SP、フリーともにジャンプの転倒などいくつかミスは出たものの、ファイナルでの学びが生きて、集中力を途切れさせなかった。フリーを終えると2人とも氷に倒れ伏し、唇が真っ青になるほど体力的にチャレンジングな環境。「リフト3本は安全にできたけど、スケート人生でいちばんキツい試合だった。キス&クライに這っていったのは初めて(木原)」。それでも最終滑走でしっかりと勝ちきり、日本ペアとしてISU選手権で初優勝。世界チャンピオンへ王手をかけた。

●世界選手権優勝、年間グランドスラム達成

このシーズン、試合ごとに異なる課題が立ちはだかり、それを克服することで成長するというサイクルを繰り返していたりくりゅうは、いよいよその集大成となるもっとも大切な場所へとやってきた。3月のさいたま世界選手権だ。

4年ぶりの開催となるさいたまスーパーアリーナでの世界選手権。母国の観客の前で、最高の演技を見せたい。アスリートなら誰でも抱く願い。そしてそれを裏打ちする自信を、このときの2人はしっかりともっていた。

自信をもつことの大切さを、木原はこう語る。

2022年NHK杯 ©World Figure Skating/Shinshokan

2022年グランプリファイナル ©Kiyoshi Sakamoto

「もちろん技術的にはまだまだ成長していかなくてはならないし、強豪国のペアに比べたらまだまだ技術レベルが低いところがあるかもしれない。でも、自信さえあればできることもある。どれだけいい技術があっても、自信をもって挑戦できないと成功しないし、上に行けない。だから、演技で大事なのは自信が90パーセント、技術が10パーセントくらいじゃないかな」

シーズンを通して進歩させてきたSPでは、客席を埋めた観客からの大歓声に包まれながら演技を始めると、正確な技術とともにみずみずしくフレッシュなスケーティングを見せる圧巻のパフォーマンスを披露。練習の成果を十分に発揮して、得点もパーソナルベストの80・72点と、目標だった80点台に乗せた。好ライバルのケネリム&フレイジャー（米国）を上回り、首位に立つ。

「やってきたことに自信をもって、集中はしていたけれど過度な緊張はしていなかったと思います（三浦）」

落ち着いて話す姿には風格さえ漂い、怪我から始まったこのシーズンのさまざまな経験をすべて糧にしていることがうかがえた。

最終滑走のフリー。滑り始めに木原がにこりと笑む。音楽との完璧なシンクロ、ぴたりとユニゾンする足元。3連続ジャンプを決めて勢いに乗ると、途中ジャンプのミスにも集中力が乱されることはなく、壮大なスケーティングで、清廉で美しい一篇のストーリーを作り出した。

演技を終えると、スタンディングオベーションの観客にあいさつ。三浦は転倒を気にして表情が冴えず、リンク際に向かいながら思わず涙をこぼす。木原とコーチが懸命に励ますキス&クライになった。フリー141・44点、総合222・16点。ケネリム&フレイジャーをかわして優勝が決まると、2人は喜びを爆発させ、涙、涙でコーチと固く抱き合った。

この結果をもって、りくりゅうはグランプリファイナル、四大陸選手権、世界選手権の3大会を制し、年間グランドスラムを達成。

「年間グランドスラムを意識はしていなかったのですが、達成できてよかったですし、この結果を見て日本の次世代ペアが挑戦してみようと思うきっかけになるのであれば、グランドスラムの意味が10年後、20年後に出てくるかもしれません。今日という日が日本のペアが変わったねというきっかけになることを願っています（木原）」

自分たちが出した結果を、自分たちだけのものにせず、未来へとつなげたいと願ったりくりゅう。チャンピオンかくあるべしというすがすがしい姿だった。

●木原の故障

世界チャンピオンとして迎えたオフシーズン、木原と三浦はフィギュアスケート界を代表するアスリートとして、ますます大きな存在感を放つことになった。アイスショーの出演やスケート界を代表するアスリートとしての役割も多くなった。

日本とカナダを行ったり来たりしながらオフシーズンを過ごし、カナダでは、新しい技の習得に取り組んだ。まだまだ基本的な技だけしかないと感じていた2人は、このオフに新しい技術を身に着けようとしていたのだ。リフトを4本とも刷新、トランジションも変え、レベルアップをはかった。

三浦はこのオフのあいだに、気づいたことがあったのだという。

「龍一くんはいつもポジティブに引っ張ってくれるけれど、シーズンオフはネガティブになっていることに今年初めて気がつきました。新しい技をやるので、やっぱり完璧を求めちゃって、どうしよう、ってなってる。逆に私はオフシーズンのほうが大丈夫」

「ぼくはちゃんとシーズンオフに心を整えて、できない壁にぶつかっておきたい。りくちゃんはシーズン中にそれを感じるんだと思う」

「シーズンオフは何を失敗してもいいんだよ。準備期間だもん。ね？」

今度は三浦のほうが木原の気持ちを引き立てる。お互いを支え合う2人の関係性が、またひとつ深まったことがうかがえるエピソード。それが、新しいシーズンに入ってから起きた新たな苦境にも生かされていく。

２０２３-２０２４シーズンの初戦は9月のオータム・クラシック。２位で試合を終えたが、木原は夏から違和感を覚えていた。

グランプリ初戦のスケートアメリカを前に、10月12日、りくりゅうは初戦欠場を発表した。木原が腰椎分離症と診断されたのだ。

腰椎に負担がかかることによって発症するもので、治療には安静を要する。木原はカナダで整形外科を受診し、さまざまなケースを検討したうえで、カナダにおいて医療とフィジオ（理学療法）のチームを組んで、治療とリハビリを行うことにした。かつて三浦が怪我をしたときは日本で治療をしたが、そのときの経験をもとに、カナダでコーチらとともに過ごし、別々ではなく一緒にリハビリと練習に取り組んだ方がいいという結論を出したのだ。治療には

3ヵ月以上を要することが多く、三浦のトレーニング環境も考えての決断だった。

スケートアメリカおよびNHK杯、そして全日本選手権の欠場を発表。2024年2月の四大陸選手権まで、約4ヵ月の休養となった。

復帰戦は、ペアが盛んで観客の目も肥えた中国・上海で行われた四大陸選手権。2人が氷上に登場すると、観客だけではなく仲間の選手たちからも温かい祝福の拍手が送られた。スケートに戻ってきた喜び、もう一度やっていくという決意を表現するSP「Dare You to Move」は、デススパイラルをフォワードインに変えるなど回復の過程にあっても進境を示し、フリー「Une chance qu'on s'a」でもしっとりとした曲調をよく捉え、伸びやかに舞った。2人にとって、復帰の手ごたえを確かめる意義ある試合に。

「今回の目標はお互いに怪我をせず、最後まで安全にいくこと。よくがんばったと思います（木原）」

「SPが終わった日に龍一くんのお母さんから連絡をいただいて、『怪我が完治するまで待っていてくれてありがとう、感動したよ』とコメントをいただいて、フリーは龍一くんのお母さんのために笑顔で滑ろうと思っていました（三浦）」

いまの2人からは、苦しい時期があろうとも、一緒に立ち向かっていけば大丈夫という、自分たちに対する信頼が感じられる。次に向かうは3月のモントリオール世界選手権。すべては過程であり、2人はつねに高い視点から「この先」を見据えている。

スケーターの日常

試合にはタイムスケジュールがあり、結果が出るが、日ごろの練習には終わりがない。もっと完成度の高い演技を、もっと細やかな表現を。スピンの練習では、「スピンだけは努力の結晶」とコーチに言われ、きちんと揃うまでどれだけ時間がかかっても練習をやめないというのも有名な話だ。ブルーノコーチの采配のもと、こつこつと練習を積む2人は、競技活動を楽しむ小さなルールを設けている。

たとえば、「月1回、好きなものを食べていい日」。普段は節制しているが、その日だけは練習が終わると、好きなものを食べに行ける。カナダの食事情から、それほど選択肢はないというが、2人とも楽しみにしている日だ。

「りくちゃん、面白いですよ。いつも食べ物の名前を呼びながら、スキップしてる。『ピーザ、ピーザ！』って。いつもは歩くのが遅いのに、その日だけはうきうきで（笑）」

その日以外の毎日は、シーズン中もシーズンオフも基本は自炊。「一時、シンプルなオムライスを極めていました」と三浦が言うと、「美味しいけど、りくちゃんが作ると散らかるんだよね」と木原。「チキンライスとか、飛んでっちゃうでしょ？　飛んでいかない？」「飛んでくけど、りくちゃんがうちに来て作ると、ぼくのキッチンがすごく汚れる。自信満々で『掃除した！』って言うけど、だいたいぼくが二度拭きしないといけない。だからりくちゃんはぼくの家

2023年世界選手権
©Yazuka Wada

ではオムライス禁止」。ちなみに木原の得意料理は、圧力鍋で作るカレーと、トマトをスライスして寿司酢と刻んだ玉ねぎと胡椒で和えた母上直伝のサラダだとか。そんな2人でも木原が腰を負傷してからは、とにかくやれることはなんでもやろうと、スポーツ栄養士の指導を受け、さまざまな食材を取り入れた栄養バランスの良い食事作りを心掛けた。

試合で日本に帰っても、終わればすぐにカナダに戻ることが多い2人だが、シーズンオフのアイスショーは日本に長く滞在する機会でもあり、2人にとって大事な場。試合とは違う照明で、暗いなかに出ていって技を成功させることは危険でもある一方で自信につながる。

「コーチから言われているのは、『アイスショーは試合のいい練習になる』ということ。お客さまの前で滑るのはやはり大きな経験になります。ぼくたちは試合だと年間で多くても5〜6試合。でもアイスショーだと期間中に15回は滑るので、単純計算で2シーズン分の経験になります。場数を踏むという意味では、とても大切だと思っています（木原）」

今後、2人はどのような未来を思い描いているのだろうか。理想の将来像を聞くと、こんな答えが返ってきた。

「自分たちはスピードに自信をもっていますし、エッジワークが深いと評価していただくことも多いので、スピードとエッジワークに関しては大事にしていきたいです。まだまだ基本的な技が多いので、見たことがないような形のリフトなどを取り入れていきたい（三浦）」

「アイスダンサーみたいなペアを目指したいです。全部いいとこ取りのペア。まだまだ、自分たちには伸びしろがあると信じているので、自分たちのやりたいことや、新しい挑戦に取り組んでいきたいです（木原）」

そんなりくりゅうに力を与えているのは、なんといってもファンからの応援だ。木原は演技中、体力的にいちばんつらい最後のリフトは、観客からの拍手に力をもらっていると話す。文字通り、応援がエネルギー源だ。

「お手紙をいただいたりして、幸せな気持ちをもらっていますとか、勇気づけられますといった言葉をいただくと、私たちでもみなさんに感動していただけるような、気持ちを動かせるような何かを作り出せているんだなと、自信につながります（三浦）」

年間グランドスラムを達成し、日本初のたくさんの記録に彩られた世界チャンピオンになってからも、チャレンジャースピリットに少しの曇りもなく、まだまだこれから挑戦していきたいという強い気持ちを失わないりくりゅう。「北京を終えて、次は個人戦で表彰台に立ちたいと思うようになりました（三浦）」と、大きな目標を抱く2026年のミラノ・コルティナダンペッツォ・オリンピックへの日々を、りくりゅうは一歩一歩あゆんでいく。

 2023年世界選手権 ©Yazuka Wada

三浦璃来（みうら・りく）**& 木原龍一**（きはら・りゅういち）

木下グループ所属。三浦は2001年12月17日、兵庫県出身。木原は1992年8月22日、愛知県出身。2019年8月にペアを結成。カナダでブルーノ・マルコットコーチのもと、技術を磨き、2022年北京オリンピックでは、団体メダル獲得に貢献。2022-2023シーズンは、グランプリファイナル、四大陸選手権、世界選手権の主要大会を制覇し、年間グランドスラムを達成。2023-2024シーズンは、木原の腰の怪我で休養を余儀なくされたが、4ヵ月半ぶりに2月の四大陸選手権で試合に復帰。3月の世界選手権では、フリーで自己ベストおよび今季世界最高点をマークし、3大会連続となるメダルを獲得した。

2023年世界選手権 ©Raniero Corbelletti/AFLO

おもな戦績

日付	大会名	SP	FS	順位
2019-2020				
10/25-27	東日本選手権(長野・軽井沢)	1 (56.05)	1 (95.71)	1 (151.76)
11/22-24	GP NHK杯(北海道・札幌)	6 (62.41)	6 (117.53)	5 (179.94)
12/19-22	全日本選手権(東京・渋谷)	1 (53.95)	1 (116.16)	1 (170.11)
2/6-9	四大陸選手権(韓国・ソウル)	9 (57.45)	8 (110.05)	8 (167.50)
2020-2021				
3/24-28	世界選手権(スウェーデン・ストックホルム)	8 (64.37)	10 (120.04)	10 (184.41)
4/15-18	世界国別対抗戦(大阪・大阪)	3 (65.82)	3 (130.83)	3 (チーム日本)
2021-2022				
9/16-18	CS オータムクラシック(カナダ・モントリオール)	1 (72.32)	1 (131.74)	1 (204.06)
10/22-24	GP スケートアメリカ(アメリカ・ラスベガス)	3 (72.63)	3 (135.57)	2 (208.20)
11/12-14	GP NHK杯(東京・渋谷)	3 (73.98)	3 (135.44)	3 (209.42)
2/4-20	北京冬季オリンピック 団体(中国・北京)	4 (74.45)	2 (139.60)	2 (チーム日本)
2/4-20	北京冬季オリンピック 個人(中国・北京)	8 (70.85)	5 (141.04)	7 (211.89)
3/23-27	世界選手権(フランス・モンペリエ)	3 (71.58)	3 (127.97)	2 (199.55)
2022-2023				
10/28-30	GP スケートカナダ(カナダ・ミシサガ)	1 (73.39)	1 (138.63)	1 (212.02)
11/18-20	GP NHK杯(北海道・札幌)	1 (78.25)	1 (137.91)	1 (216.16)
12/8-11	グランプリファイナル(イタリア・トリノ)	1 (78.08)	1 (136.50)	1 (214.58)
2/9-12	四大陸選手権(アメリカ・コロラドスプリングス)	1 (71.19)	1 (137.05)	1 (208.24)
3/22-26	世界選手権(埼玉・さいたま)	1 (80.72)	2 (141.44)	1 (222.16)
4/13-16	世界国別対抗戦(東京・渋谷)	2 (80.47)	2 (143.69)	3 (チーム日本)
2023-2024				
9/14-16	CS オータムクラシック(カナダ・モントリオール)	2 (59.13)	2 (128.92)	2 (188.05)
2/1-4	四大陸選手権(中国・上海)	2 (65.61)	3 (125.16)	2 (190.77)
3/20-24	世界選手権(カナダ・モントリオール)	2 (73.53)	1 (144.35)	2 (217.88)

おもなプログラム曲リスト

	演目名	音楽	振付
2019-2020			
SP	Wayward Sisters	Abel Korzeniowski (from"Nocturnal Animals")	Allie Han-McCurdy
SP	Million Reasons	Lady Gaga	Allie Han-McCurdy
FS	Fix You	Coldplay	Valerie Saurette
2020-2021			
SP	Hallelujah	k.d.lang	Julie Marcotte
FS	Woman	Shawn Phillips	Julie Marcotte
2021-2022			
SP	Hallelujah	k.d.lang	Julie Marcotte
FS	Woman	Shawn Phillips	Julie Marcotte
EX	I Lived	One Republic	Julie Marcotte
2022-2023			
SP	You'll Never Walk Alone	Marcus Mumford/Elvis Presley	Julie Marcotte
FS	Atlas:Two	Sleeping At Last	Julie Marcotte
EX	I Lived	One Republic	Julie Marcotte
2023-2024			
SP	I Put A Spell On You	Kandace Springs	Julie Marcotte
SP	Dare You To Move	Vitamin String Quartet/Karl Hugo	Julie Marcotte
FS	Une chance qu'on s'a/Amour infini	Céline Dion & Jean-Pierre Ferland/Karl Hugo	Julie Marcotte
FS	Woman	Shawn Phillips	Julie Marcotte

On & Off

 2021年NHK杯 ©Yoshiki Kogaito/Sports Nippon

2022年スターズ・オン・アイス ©Yoshiki Kogaito/Sports Nippon

2023年スターズ・オン・アイス ©Yoshiki Kogaito/Sports Nippon

INTERVIEW

三浦璃来&木原龍一

応援に感謝しながら
これまでも、これからも

2024年世界選手権 ©Yazuka Wada

2024年世界選手権 ©Yazuka Wada

―― 2024年世界選手権でみごと銀メダルを獲得されました。怪我に苦しんだシーズンの最後に、3年連続の表彰台。「奇跡のその先」を見せてくださいました。

三浦 やはりこの4年間、2人で積み重ねてきたものが確かなものだったんだなと、今回強く感じました。

木原 改めて、あっという間の4年間でしたし、とにかく駆け抜けてきた感じです。本当に奇跡の組み合わせだったなと思うし、よくここまで相性のいいパートナーに出会えたなと、心から感謝しています。いままでの道のりは、ぼくたちだけでなく、たくさんの人たちが支えてくださったからこそなので、改めて感謝したいと思いました。

三浦 今季はオータムクラシックと四大陸選手権では自分たちらしい演技ができず、レベルの取りこぼしもすごく多かったんです。でも、四大陸が終わってからの6週間、すごくいい練習を積んでくることができて、世界選手権ではツイストとバックアウトデススパイラルを除いてすべてレベル4が取れた。自分たちのしてきた練習は本当にいいものだったんだ、いい結果につながるものなんだと自信をもつことができました。

―― 2人にとっていい練習とは?

三浦 失敗があったとしても、そこから立ち直ることができる練習のこと。2人ともレベルが取れるかどうかをすごく気をつけながらやっていたので、ランスルーが終わったあとは動画を見直して、レベルが取れているかどうかを確認していました。そういう練習を積み重ねていくにつれて、だんだんリフトのレベルがしっかり取れるようになったときなどに、自分たちの小さな成長を感じ取れたのかなと思います。

木原 よくない練習というのは、「なんでミスをしたんだ、ここが悪い」と原因を探ってしまうとき。いい練習を積み重ねているときは、失敗を改善するためにどうしようかという話し合いができる練習で、この6週間はそれができていました。細かい失敗を気にせずに、どうすればよくなるかをチームでしっかり話し合ってやってこられたので、それはものすごくよかったです。

――試合中にはどんな思いがあったのでしょうか。

2024年世界選手権 ©Yazuka Wada

木原 フリーが終わった瞬間に、もう反省会が始まっていました。キス&クライに戻りながら、「今シーズンの悔しさを忘れずに、怪我なくしっかりやっていこう」って話して。終わった時点でもう結果はわかっていたから。

三浦 シーン、ってなっていました。「もう終わった」って。

木原 勝つためにはノーミスしなきゃいけないとわかっていて、全部やったら147点くらい出るので、ノーミスが最低条件だった。サルコウが1つ抜けた時点で結果を悟っていたのですが、でも悪い出来ではなかった。最後のスロウループが分かれ目だと思ったので、そこは気合を入れたよね、2人で。りくちゃんは絶対降りると思ってた。

――競技のあと、体調不良で表彰式に出られないという出来事がありました。体調に関わることですが、お話しいただけますか。

木原 運動性の喘息という発表があったと思いますが、試合が終わった直後はまだ大丈夫だったんですけど、会場のバックヤードに下がったときに、乾燥から来る咳が止まらなくなって、そこから過呼吸になってしまいました。北米など乾燥している試合ではよく喉が張りついてしまって、咳が出ることが多かったのですが、こういう症状は出たことがなかった。いま思うと、咳で夜中に目が覚めるといったことはあったので、よくいままでその状態でやっていたなと。よくバテていたのも、ぼくが弱かったわけじゃないんだなと思いました。

三浦 変なところポジティブ!

木原 その状態で俺がんばってるじゃん!って話だよ。今回気づいたタイミングもよくて、このあと日本に帰国したら、呼吸器内科を受診してしっかり治したいと思います。

――2023-2024シーズンは初戦のオータムクラシックのあと、木原さんの腰椎分離症により休養に入りました。どんな日々だったのでしょうか。

木原 最初は電車でリハビリに通っていたんです。車の運転でも腰に痛みがあったので。週5回通っていたのですが、回数を重ねるうちに、りくちゃんも一緒に通って、以前の肩の怪我のリハビリをしようということになりました。ぼくが週5回、りくちゃんは週2回くらい通っていました。12月の半ばくらいにペアの技が練習できるようになってきたので、リハビリから徐々に氷上練習を増やしていきました。

2024年世界選手権 ©Yazuka Wada

―― 四大陸選手権のあと、プログラムを変更し、世界選手権では2年前のフリー「Woman」を滑りましたね。

木原　やはり自分たちのよさは滑りを見せることで、コーチからも「自由がないとだめだね」という話があって、フリーダムがあったほうがいいよねと。ぼくたちの強さはストロークなので、滑りのよさをしっかり見せられるプログラムがいいんだと再認識しました。

―― 振付のジュリー・マルコットさんとの振付作業はどのように行われていくんですか。

三浦　ジュリーの振付は、いまの私たちの滑りにはどんなステップが合うのか、私たちがスピードを出せるようなプログラムが出来上がるように、すごく話し合いながら一緒に作り上げていきます。私たちが考えた動きが振付に採り入れられることもあります。

木原　「Woman」は2年前のモンペリエ世界選手権で、世界と戦える自信がついたプログラムだったんですが、最後の最後に残念な出来になってしまったので、今回もちろん完璧ではなかったけど、自分たちが求めているものに近い、最高の「Woman」を滑ることができた。このプログラムもしっかり成仏できるかと思います。来季はショートもフリーも新しくする予定です。

―― ここ2年は毎年試練があり、それを乗り越えることで成長してこられました。そのうえで、これからオリンピックへと向かう2年という月日をどう捉えていますか。

三浦　2年は長いようで短いので、1日も無駄にせずにいきたい。昨年と一昨年はお互いの怪我があって、それもひとつの成長なんですけど、今年と来年は怪我がないようにしていきたいと思っています。

木原　この2年間の苦労というのは意味があること、必ず今後につながってくることだと思うので、その経験を無駄にせずに、1日1日を大切にしていきたいと思います。

―― いま、ファンの方々に伝えたい想いはどんなことですか。

三浦　日本開催の試合に限らず、心から応援してくださっているファンの方々がたくさんいるので、すごくエネルギーをいただいています。感謝しかないです。

木原　昨年のさいたまの世界選手権のときに日本のファンのみなさんの力をすごく感じました。会場でもバナータオルを掲げてくださっている方が本当にたくさんいて、いつもエネルギーの源です。本当に感謝しかないです。これで終わりじゃなくて、これからもずっと応援していただけるような、そしてまたぼくたちを見て、ペアを見たことのない方々に、ペアという競技の入り口に入ってきていただけたらうれしいなと思います。

（インタビュー：ワールド・フィギュアスケート編集部）

2024年世界選手権 ©Yazuka Wada

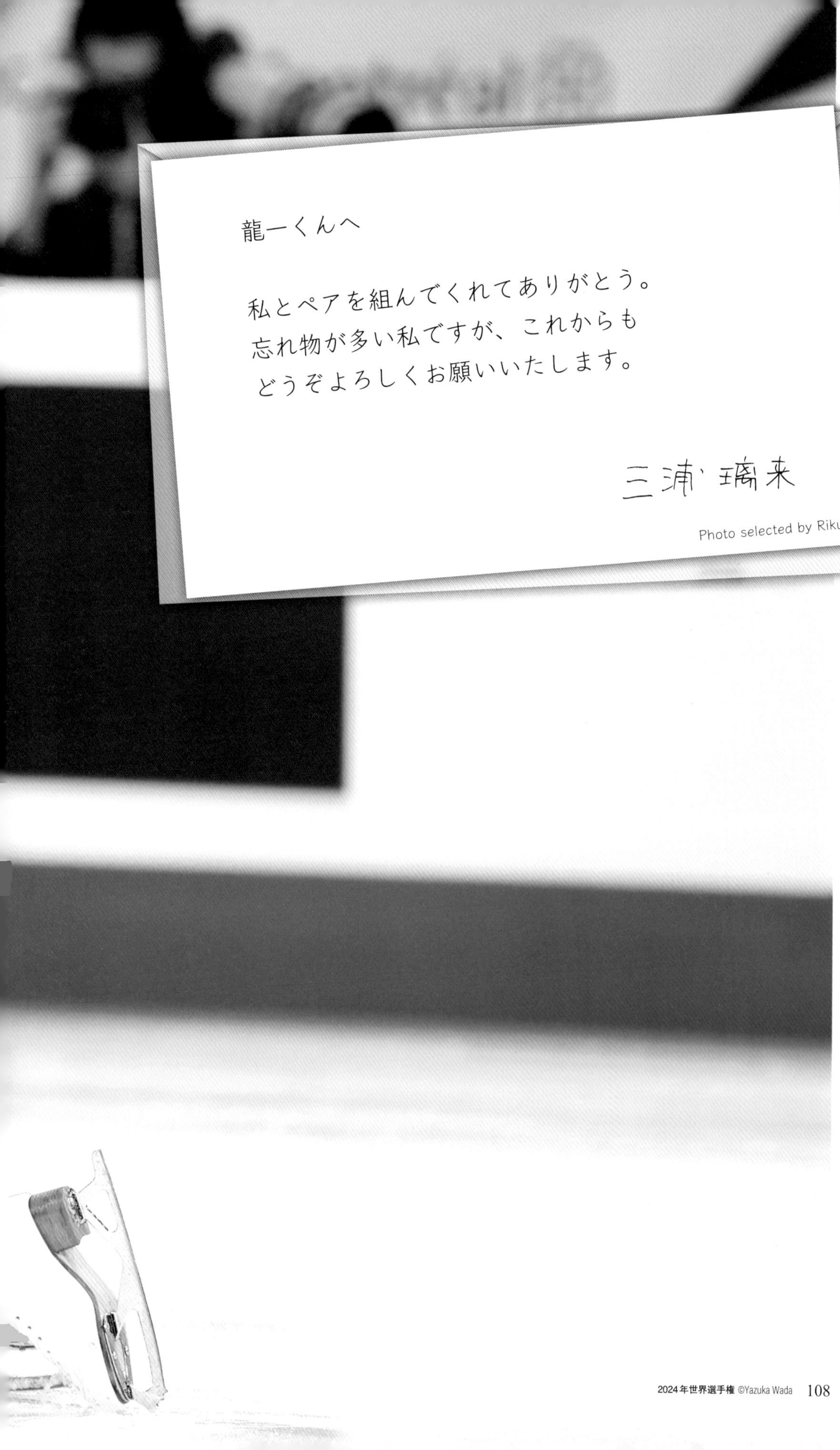

龍一くんへ

私とペアを組んでくれてありがとう。
忘れ物が多い私ですが、これからも
どうぞよろしくお願いいたします。

三浦璃来

Photo selected by Riku.

2024年世界選手権 ©Yazuka Wada

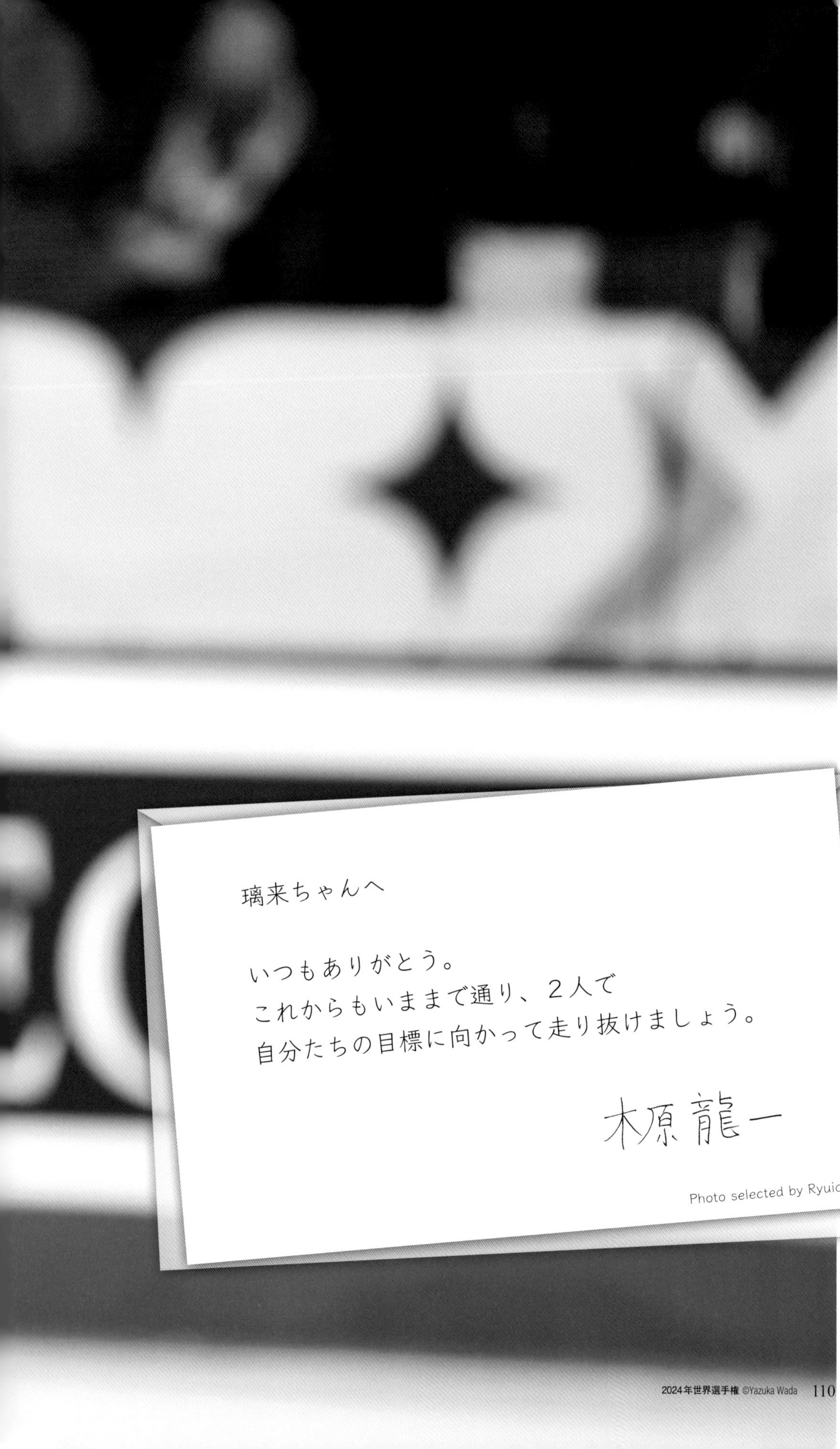

璃来ちゃんへ

いつもありがとう。
これからもいままで通り、2人で
自分たちの目標に向かって走り抜けましょう。

木原龍一

Photo selected by Ryuichi.

©Shinji Masakawa

RikuRyu!
三浦璃来&木原龍一フォトブック

2024年4月30日　初版第1刷発行

発行者　三浦和郎
発行　株式会社 新書館
編集／〒113-0024 東京都文京区西片2-19-18
TEL 03-3811-2851　FAX 03-3811-2501
営業／〒174-0043 東京都板橋区坂下1-22-14
TEL 03-5970-3840　FAX 03-5970-3847
構成　ワールド・フィギュアスケート編集部
表紙・本文レイアウト　SDR（新書館デザイン室）
協力　IMG／スポーツニッポン新聞社
印刷・製本　日経印刷株式会社

Printed in JAPAN　ISBN978-4-403-31158-1